# 억울하면
## 방법을 배워라

**JIBUN WA HYOKA SARETEINAI TO OMOTTARA YOMU HON**
by OZASA Yoshihisa

Copyright © 2009 OZASA Yoshihisa
All rights reserved.
Originally published in Japan by GENTOSHA, Tokyo.

Korean translation rights arranged with GENTOSHA, Japan
through THE SAKAI AGENCY and BC Agency.

이 도서의 국립중앙도서관 출판예정도서목록(CIP)은
서지정보유통지원시스템 홈페이지(http://seoji.nl.go.kr)와
국가자료공동목록시스템(http://www.nl.go.kr/kolisnet)에서 이용하실 수 있습니다.
(CIP제어번호: CIP2014027994)

# 억울하면
# 방법을 배워라

## 직 장 생 활 성 공 전 략 4 0

**오자사 요시히사** 지음

**박선영** 옮김

아우름

**회사가 나를 제대로 평가해주지 않는다.**
**열심히 일하는데도 상사가 몰라준다.**
**어차피 내 의견 따위 아무도 들어주지 않는다.**

이런 불안과 불만을 느끼는 이들이 많다. 직장인 34만 명을 대상으로 모티베이션 조사를 한 결과 대부분 자신에 대한 평가와 대우, 상사의 관리 방법에 불만을 품고 있었다. 회사에 대한 불신감, 상사에 대한 실망, 평가에 대한 불만이 회사원의 의욕을 추락시키고 있는 것이다.

반면 회사 측은 전 세계를 뒤흔든 리먼 쇼크 이후 업종을 불문하고 경기 침체와 물가 하락으로 시련을 겪고 있다. 모든 회사가 생존을 위해 필사적으로 비용 삭감에 주력하고 있는 실정이다.

경기의 흐름이 바뀌자 '계약직 해고'가 화제를 불렀지만, 이제 거친 파도는 정규직에게도 밀어닥쳤다. 수익을 올리지 못하는 회사는 임금 삭감과 구조조정 등의 방법을 통해, 상대적으로 기득권층이던 정규직에도 시련을 부과할 것이다. 철저하게 경제 원칙에 따라야 하는 경영자는 정규직 사원을 '평가가 높은 사람'과 '낮은 사람'으로 구별해 대응할 것이다. '평가가 낮은 사람'에 대해서는 가능한 비용을 억제하고 남는 자원을 '평가가 높은 사람'에게 돌리는 것이다. 최악의 경우 '평가가 낮은 사람'은 강제로 해고될 수도 있다.

이런 상황은 그 누구에게도 남의 일일 수 없다. 이제는 개개인이 회사에 의지하지 않고 자립적으로 경력을 쌓아야 한다. 결국 일하는 사람 각자가 확고한 철학과 신념을 가져야 한다. 이 책은 '자신이 제대로 평가받지 못하고 있으며, 억울하다'고 느끼는 독자에게 자신을 효율적으로 관리하고 현재의 위기에서 벗어나는 법, 그리고 업무를 통해 일과 인생의 보람을 느낄 수 있도록 만드는 다양한 시점을 소개한다.

제1부 '먼저 일에 대한 의욕을 높이자!'에서는 먼저 일하는 목적과 신뢰, 성장, 그리고 보수와 같은 친근한 주제를 새로운 시각으로 살펴본다. 제2부 '발상을 바꾸어 자신의 시장가치를 높이자!'에서는 어떻게 하면 자신의 가치를 높일 수 있는 지 필자 나름의 해답을 제시했다. 제3부 '회사와 잘 지내자'에서는 투자자의 입장에서 어떻게 하면 회사와 이상적으로 지낼 수 있는지 살펴본다. 제4부 '반드시 찾아오는 위기는 이렇게 극복하자!'에서는 누구나 경험하는 좌절과 위기 상황에 대처하고 극복하는 방법을 소개한다.

이 책은 지금 이 시대에서 일하는 사람 모두를 위한 책이다. 직원의 의욕을 높이고 싶은 경영자, 회사의 중추를 담당하는 간부 사원, 부하를 거느린 관리직, 지금 이대로 좋은가 고민하는 중견 사원, 한시라도 빨리 크고 싶은 신입 사원, 취직을 앞둔 예비 사회인들. 회사와 관련된 모든 사람들이 이 책을 통해 일에 대한 자신의 철학을 가질 수 있기 바란다.

오자사 요시히사

차례

서문 · 004

# 1부 먼저 일에 대한 의욕을 높이자!

# 먼저 일에 대한
# 의욕을 높이자!

# 01

# 일을 통해
# 자유를 얻어라

" 한때 구속 같았던 인간관계의 규칙이 자유로운 활동을 보장해주는 더할 나위 없이 소중
한 재산으로 바뀐다. 결국 사회에 나와 일하면서 신뢰를 쌓아가는 과정은 구속이라는 굴
레를 조금씩 벗어가는 과정이다. "

## 나는 왜 일하는가?

'나는 왜 일하는 걸까?' 누구나 이런 생각이 들 때가 있다. 어쩌면 지금 스스로에게 묻고 있을지도 모른다. 만일 그렇다면 당신은 마음 한구석으로는 '일하기 힘들다'고 느낀다는 이야기다.

'나는 무엇을 위해 일하는 걸까?' 이런 생각은 대부분 일이 잘 안 풀릴 때 들기 마련이다. 만사가 순조로울 때는 그런 생각을 할 여유도 없다. 할 일도 많고 의욕도 넘쳐서 하루하루를 알차게 보내기 때문이다. 하지만 일이 잘 풀릴 때가 있으면 문제가 터질 때도 있는 것이다.

- 상사가 마음에 안 든다, 맡은 일이 불만이다, 업무 환경이 나쁘다.
- 일상적인 업무에 집중할 수 없다.

- 이유 없이 문제가 잇달아 생긴다.
- 고객과 신뢰관계를 쌓기 힘들다.
- 애쓰는데도 제대로 평가받지 못한다.

이런 고민들이 반복되면 점점 '왜 일을 해야 하나'라는 회의에 빠진다. 그리고 이런 상황을 극복하기 위해 어떻게든 일을 해야 하는 정당한 이유를 찾으려고 애쓴다.

물론 답은 여러 가지다. "기껏 공부해놓고 놀 수 있나?" "부모가 부자도 아닌데 먹고살려면 돈이 필요하지 않나?" "다들 일하는데 나만 놀 수 있나?" "처자식을 먹여 살리자니 어쩔 수 없다"…… 모두 일리 있는 말이다.

하지만 그런 이유만으로 납득할 수 있는가? 이런 대답들이 실제 일하면서 겪는 어려움을 이겨내는 데 도움이 되는가? 아니다. 다들 '이건 아닌데……' 하고 답답해하면서 일하고 있지 않은가?

만일 당신이 이런 상황에 처했다면 지금이야말로 당신이 일하는 명확한 이유를 찾아야 한다.

## 일하지 않으면
## 자유를 얻을 수 없다

우선 일하지 않는 상황을 상상해보자. 어떤 모습이 떠오르는가?

- 집에서 푹 쉰다.
- 취미활동에 몰두한다.
- 실컷 잔다.

우리는 보통 일하지 않는 상황이라고 하면 위와 같이 자유로운 시간을 상상한다. 즉 일하지 않을 때 자유롭다고 느낀다. 이 점이 문제의 핵심이다. 일과 자유를 상반된 개념으로 대립시키기 때문에 우리는 일하는 이유를 찾을 수 없다.

일한다(=자유가 없다) vs 일하지 않는다(=자유롭다)

이렇게 '일한다'와 '자유가 없다'를, '일하지 않는다'와 '자유롭다'를 동일한 의미로 놓고 '일한다'와 '일하지 않는다'를 대립시키면 한쪽이 성립할 때 다른 한쪽은 성립할 수 없다고 생각하기 쉽다. 즉 일을 하는 한 자유로울 수 없다고 생각하는 것이다. 하지만 정말 그럴까? 결론부터 말하자면 그렇지 않다. 두 개념이 대립하는 상황을 조금 다른 시각에서 살펴보자.

두 사물이 대립하려면 하나의 기준을 공유해야 한다. 다시 말해 두 사물은 같은 범주에 속해야 한다. 예를 들어 낮과 밤은 서로 상반되는 개념이지만 시간이라는 동일한 범주에 속한다. 시간축의 반대편에 위치할 뿐이다. 또 동전의 양면처럼 상대가 없으면 존재할 수 없다. 즉 낮이 없다면 밤은 존재할 수 없고 낮이 존재하기 위해서는 밤이 필요하다.

다시 일과 자유를 생각해보자. 일과 자유도 서로 맞서는 개념이
긴 하지만 낮과 밤처럼 상대가 없으면 존재할 수 없다. 일이 없으면
자유도 있을 수 없기에 우리가 자유롭다고 느끼는 것도 일하기 때
문이라고 할 수 있다. 은퇴 후의 무료한 일상이나 백수의 빈둥대는
하루가 자유롭게 느껴지는가?

일과 자유의 대립관계를 좀더 발전적으로 바라보자. 자유가 목
적이라면 일은 그 목적을 달성하기 위한 수단으로 볼 수 있다.

다시 말해 자유라는 목적을 달성하기 위해 일을 하는 것이라고
생각할 수 있다. 실제로 우리는 자유를 위해 일하고 있다. 일은 결코
자유를 제한하는 대립물이 아니다. 오히려, 일하지 않으면 자유를
얻을 수도 없다. 궤변처럼 느껴진다면 좀더 자세히 살펴보자.

# 자유는 선택지가
# 많은 상태다

자유란 어떤 상태인가? 자유는 아무것도 하지 않는 상태가 아니다. 언제든 원할 때, 가고 싶은 곳에 가서 하고 싶은 일을 하는 것, 이것이 자유다.

자유란 선택할 수 있는 여러 장의 카드를 손에 쥔, 즉 선택할 대상이 많은 상태다. 손에 쥔 카드가 많으면 많을수록 자유도 많다. 하고 싶은 일을 선택할 자유. 예산을 마음껏 쓸 수 있는 자유. 마음 맞는 사람과 일할 수 있는 자유. 상사를 고를 수 있는 자유. 무능력한 부하를 내보낼 수 있는 자유. 담당 업무를 바꿀 수 있는 자유. 자신의 아이디어를 실현할 수 있는 자유. 그런 자유야말로 우리 모두가 바라는 것이 아니겠는가.

필자가 젊었을 때는 자유가 없었다.

마음껏 자유를 누리던 학창 시절이 끝나고 사회인이 되자, 다른 직장인들처럼 아침 일찍 일어나 정해진 시간에 회사로 출근하기가 정말 괴로웠다. 도심 변두리의 회사 기숙사를 나와 매일 콩나물시루 같은 전철에서 시달리기를 1시간 20분, 기진맥진해서 회사에 도착해봐야 능력도 실적도 없는 신참이니 그저 시키는 일이나 하는 게 고작이었다. 만나고 싶은 사람은 만날 수 없고 오히려 상대하기 싫은 고객이나 상사를 만나야 했다. 또 언제 지방이나 타부서로 발령이 날지 몰라 노심초사하면서 쥐꼬리만한 월급에 먹고 싶은 것도 못 먹고 원하는 곳에서 살지도 못했다…… 무엇 하나 자유롭지 못한 자신의 처지를 뼈저리게 느끼던 나날이었다. 자유와는 그야말로 정반대의 생활이었다.

## 인간은 원래 자유롭지 못한 존재다?

젊었던 그 시절에는 왜 그렇게 자유가 없었을까?

그것은 인간이 원래 자유롭지 못한 존재이기 때문이다.

우리는 사람들과 다양한 관계를 맺으며 살아간다. 회사, 부서, 동료, 친구, 가족, 애인…… 그 관계가 복잡하게 얽혀 인간관계의 그물망을 만든다. 그리고 그 중심에 우리 자신이 서 있다. 누구든 하고 싶은 대로 하며 살 수는 없다. 내가 아닌 타인이 존재하고 그 타인과 관계를 맺으며 살아가기 때문이다. 그리고 사람과 사람 사이에는 반드시 규칙이 존재한다.

- 친구와의 약속은 깨지 않는다.
- 애인을 두고 한눈팔지 않는다.
- 고객과 한 약속은 반드시 지킨다.
- 상사에게 보고를 게을리하지 않는다.

이런 규칙을 어기면 일정한 제재가 가해진다. 친구들에게 무시당하거나 애인에게 차이거나 고객이 계약을 해지하거나, 상사가 시말서를 요구하거나……

사회에 존재하는 이런 규칙과 제재 때문에 당신은 자유롭지 못하다고 느낀다. 하지만 이와 같이 자유롭지 못한 상태를 자유로운 상태로 전환하는 일은 생각보다 간단하다.

필자도 회사에 들어와 3년, 5년쯤 지나자 조금씩 자유로워졌다. 무슨 일이 있었을까?

## 구속이 많을수록
## 큰 자유를 얻을 수 있다

이유는 간단하다. 일을 통해 주위 사람들의 신뢰를 얻었기 때문이다. 자신을 구속한다고 느꼈던 인간관계의 그물망을 소중히 관리하고 키우자, 오히려 자유를 가져다주는 중요한 네트워크가 되었다.

- 일을 부탁하면 훌륭하게 처리해주는 부하가 있다.
- 새로운 프로젝트를 시도할 때 믿고 따라주는 동료가 있다.
- 만나고 싶은 사람이 있을 때 소개해주는 친구가 있다.

사람들과 신뢰를 쌓고 자신을 둘러싼 관계망을 더 복잡하게 더 크게 키운 덕분에 이제는 자유롭게 일할 수 있다. 한때 구속 같았던 인간관계의 규칙이 자유로운 활동을 보장해주는 더할 나위 없이 소중한 재산으로 바뀐 것이다. 결국 사회에 나와 일하면서 신뢰를 쌓아가는 과정은 구속이라는 굴레를 조금씩 벗어가는 과정이다.

한편 자유를 구속당하기 싫어 처음부터 인간관계의 그물망을 만들지 않는다면, 즉 신뢰관계를 쌓지 않으면 어떻게 될까? '좋아하는 일에 몰두하고 싶다' '일어나고 싶을 때 일어나고 자고 싶을 때 자고 싶다' 이런 눈앞의 작은 욕망을 채우면서 소박한 자유로 도망치는 사람도 있다. 하지만 이런 자유만 좇다보면 자유와 점점 멀어지고 결국 구속과 억압만이 기다릴 뿐이다.

니트NEET, Not in Education, Employment or Training, 15~34세 사이의 취업 인구 중 교육도 받지 않고 가사활동이나 구직활동도 하지 않는 사람들—옮긴이족이나 프리터 Freeter, 정규직이 아닌 임시직으로 생계를 유지하는 청년 세대—옮긴이족 같은 삶을 선택하는 것은 소박한 자유로 도망치는 일이다. 주위의 신뢰를 얻지 못하면 정작 취직하고 싶을 때 할 수 없게 된다.

당신의 인생을 자유라는 관점에서 한번 바라보자. 자유가 점점 줄어들고 있는가, 아니면 늘어나고 있는가? 어떤 인생을 사느냐는 앞으로 얼마만큼 사람들의 신뢰를 얻느냐에 달려 있다. 그리고 사회인이 신뢰를 획득하는 수단은 역시 일이다. 우리는 자유를 얻기 위해 일하고 있는 것이다.

**전략**
Strategy

# 02

# 신뢰잔고를 늘리는
# 성장을 꾀하라

"한 사람의 신뢰를 얻을 때마다 계좌에 잔고가 늘어난다. 신뢰관계의 그물망이 커질수록 신뢰잔고가 늘어나는 것이다. 그 잔고에 든 예금을 사용해서 당신의 아이디어를 소신껏 펼쳐 하고 싶은 일을 취사선택할 수 있다."

# 누구나
# 성장을 원한다

취업준비생들을 만나면 하나같이 "성장하고 싶다"고 말한다. 하지만 어떤 식으로 성장하고 싶으냐고 물으면 유감스럽게도 똑 부러지게 답을 하는 사람은 거의 없다.

냉정하게 이야기하자면 '성장하고 싶다'는 그들의 말은 면접용 멘트로 들린다. 어떤 회사에 가서도 써먹을 수 있는 편리한 지원 동기인 듯하다. 물론 고용하는 측에서야 '이 회사에서 크고 싶다'고 말하는 사람이 마음에 든다.

회사란 숙명적으로 성장을 목표로 하는 존재다. 그러므로 당연히 '회사와 함께 성장하고 싶다'는 의욕적인 사람을 채용할 것이다. 그런 사람이라면 입사 후 곤경에 처하더라도 우직하게 노력하리라고 믿기 때문이다. 하지만 유감스럽게도 그런 말을 한 사람이 일단 입사하면 성장하려는 의욕을 보이지 않고 성장하기 위해 애쓰지도 않는 경우가 많다. 그것은 일하는 자신에게 필요한 '성장'이 정확히 어떤 상태인지 파악하지 못하기 때문은 아닐까?

그렇다면 성장이란 무엇인가?

## 신뢰잔고가 당신을 자유롭게 만든다

성장은 여러 가지로 정의할 수 있다.

- 업무 기량을 높이는 일
- 수익을 올리는 일
- 리더십을 발휘하는 일
- 궁극적으로 회사에 의존하지 않고 살 수 있는 일

여기서 잠깐 생각해보자. 앞서 일의 목적은 자유이며 자유를 획득하려면 일을 통해 주변의 신뢰를 얻어야 한다고 했다. 신뢰관계를 쌓는 과정을 저축에 비유해보자. 한 사람의 신뢰를 얻을 때마다 계좌에 잔고가 늘어난다. 신뢰관계의 그물망이 커질수록 신뢰잔고가 늘어나는 것이다. 그 잔고에 든 예금을 사용해서 당신의 아이디어를 소신껏 펼쳐 하고 싶은 일을 취사선택할 수 있다. 이것이 바로 성장하는 것이 아닐까? 결국 신뢰잔고를 늘리는 과정이 성장으로 이어지는 길이다.

## 성장은 누군가 당신을 위해 이뤄주는 것이 아니다

만일 성장하고 싶다면 당신은 지금 무엇을 희생할 수 있는가?

이런 질문에 우물쭈물한다면 당신은 성장을 위해 무엇이 필요한지를 알지 못하는 것이다. 그래서는 성장할 수 없다. 물건을 소유하려면 그 값을 치러야 하듯이 성장하고 싶다면 무언가를 희생해야 한다. 성장이란, 대가를 치러야 할 만큼, 희생이 필요한 만큼 가치 있고 손에 넣기 어려운 것이다.

그렇다면 당신은 무엇을 희생할 수 있는가?

기한을 맞추고 업무의 완성도를 높이기 위해 잠을 줄일 수도 있고 모임이나 데이트를 미룰 수도 있다. 각자 다양한 선택이 가능하다.

물론 개인적인 시간도 중요하다. 하지만 필자도 젊은 시절에 정신없이 일한 덕분에 지금 이 자리에 설 수 있었다고 생각한다. 20대, 30대 전반까지는 일에만 몰두해야 한다. 상황에 따라서는 취미나 수면 시간까지 희생하겠다는 각오로 일해야 한다.

성장은 누군가 당신을 위해 이뤄주는 것이 아니다. 늘 애쓰고 자신을 희생하며 일에 온 힘을 쏟는 것. 이 기본을 잊지 말아야 한다.

# 03

# 성장에 가속도를 붙여라

**"** 세상에는 하는 일마다 잘 풀려서 성장하는 사람과 실패만 되풀이하는 사람이 있기도 하다. 둘의 차이는 운이 있고 없고가 아니다. 성장하는 사이클로 들어갔는지 아니면 소위 '자기 찾기' 사이클. 곧 성장할 수 없는 사이클에 들어갔는지의 차이이다. **"**

## 사람은 조금씩 단계적으로
## 성장하지 않는다

이번에는 성장하는 방법에 관해 이야기해보자.

성장이라고 하면 시간이 지남에 따라 한 단계씩 올라가는 모습을 떠올리기 쉽다. 인사 전문가로 또 경영자로 필자가 수많은 인재들의 성장 과정을 지켜본 결과, 실제 한 단계씩 차근차근 성장하는 일은 없었다.

어릴 적 철봉에 거꾸로 매달리기를 했을 때를 떠올려보자. 당신 자신이나 친구들 중에서 차츰차츰 할 수 있게 된 사람이 있었는가? 그런 경우는 없었을 것이다.

처음에는 엉덩이도 올라가지 않고 헛발질만 한다. 손에 물집이 잡히고 굳은살이 박이면서 친구나 부모님의 도움을 받으며 연습을 되풀이한다. 그러던 어느 날 갑자기 몸이 무엇인가 터득한 것처럼 '빙글'하고 돌아진다. 이것이 바로 성장하는 순간이다. 일에서 성장하는 것도 마찬가지다.

## 일단 성장 사이클로 들어가면 가속도가 붙는다

다음 그림을 살펴보자. 철봉 거꾸로 돌기를 하려고 해도 좀처럼 성공하지 못하는 정체기가 한동안 이어진다. 그러다가 마침내 돌 수 있는 순간이 찾아온다. 그림에서는 그 순간을 급상승하는 곡선

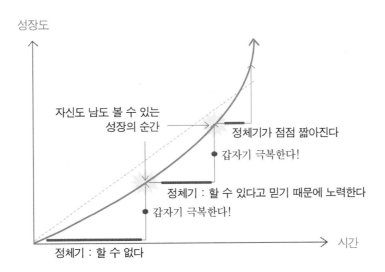

성장도

자신도 남도 볼 수 있는
성장의 순간

정체기가 점점 짧아진다
갑자기 극복한다!

정체기 : 할 수 있다고 믿기 때문에 노력한다
갑자기 극복한다!

시간

정체기 : 할 수 없다

으로 나타냈다. 사람은 이렇게 성장하는 것이다. 그리고 성장을 위해서는 바닥을 다지는 기간이 필요하다.

한 번 급성장을 경험한 사람은 다음 정체기도 이겨낼 수 있다. 지금은 정체기에 빠졌지만 '노력해서 이 시기를 극복하면 성장할 수 있다'는 것을 경험을 통해 알고 있으므로 계속해서 애쓸 수 있다. 손에 군은살이 박여도 근육통에 시달려도 필사적으로 연습한다. 때때로 '정말 성장하고 있는 걸까' 하는 회의에도 빠지지만 언젠가 극복하는 순간이 찾아온다는 사실을 알기에 각오를 다지고 눈앞에 닥친 일에 매진한다. 한 단계 성장하면 또 다음 위기에 부딪히고 또다시 노력해서 극복한다. 이런 식으로 성장의 발전적인 사이클을 익힌 사람은 가속도가 붙어 급속도로 성장할 수 있다.

외국어 학습이 대표적인 예이다. 현지 유학생들이 흔히 말하듯이 처음에는 원어민이 말하는 속도를 전혀 따라잡지 못하다가 어느 날 갑자기 귀가 뻥 뚫린 것처럼 들리게 된다. 정체기가 이어진 뒤 성장의 순간이 찾아오는 것이다.

한번 외국어를 공부해본 사람은 다른 언어를 습득하는 속도도 빠르다. 영어나 프랑스어는 같은 계통의 언어이기 때문에 비슷한 단어가 많고, 일본어와 중국어는 한자를 사용한다는 식의 다른 이유가 있을 수도 있지만 정체기를 극복하고 성장하는 순간을 경험했기 때문에 다른 언어를 익힐 때도 포기하지 않고 열심히 공부한다는 점도 크게 작용한다.

# 당신은 성장할 수 없는
# 사이클에 들어가 있는 것은 아닌가?

성장의 방식을 이해하지 않으면 정체기에 빠져 있는 동안 자신이 하고 있는 일이 적성에 맞지 않는다고 포기하는 경우가 많다.

철봉보다 좀더 자신에게 맞는 일은 없을까 고민하던 차에 우연히 외발자전거를 타는 친구들을 발견한다. 순간 '바로 이거야!' 하고 자신도 외발자전거를 빌려 타본다. 하지만 갑자기 잘될 리가 없다. 그러면 또 '외발자전거도 내게는 맞지 않아. 분명히 내게 맞는 일이 있을 거야' 하고 다른 것을 찾아 헤맨다. 시도와 포기, 그리고 또 다른 시도. 이 과정이 되풀이된다.

일도 마찬가지다. 시작한 지 얼마 안 되서 '적성에 안 맞는다'고 포기한다. 자기에게 맞는 일이, 어울리는 회사가 있을 것이라면서 이곳저곳을 전전한다. 소위 '자기 찾기' 사이클에 빠지는 것이다.

이런 사람들은 무슨 일이든 늘 '맞지 않는다'며 그만두기 때문에 성장의 순간을 경험하지 못한다. 그러므로 성장곡선은 항상 정체기에 머물거나 잘못하면 하강선을 그리게 된다. '자기 찾기'만을 되풀이하는 '성장할 수 없는 사이클'에 빠지는 것이다. 그 결과 '성장 사이클'에 들어선 사람과 엄청난 격차가 벌어진다.

세상에는 하는 일마다 잘 풀려서 성장하는 사람과 실패만 되풀이하는 사람이 있기도 하다. 둘의 차이는 운이 있고 없고가 아니다. 성장하는 사이클에 들어갔는지 아니면 소위 '자기 찾기' 사이클, 곧 성장할 수 없는 사이클에 들어갔는지의 차이다.

단 한 번이라도 성장의 순간을 맛볼 때까지 포기하지 말고 지금 하고 있는 일에 필사적으로 매달려보자. 우선 성장하는 방법을 깨닫자.

지금은 성장한다는 실감이 없을지 모른다. 하지만 꾸준히 노력하면 그 순간은 반드시 찾아온다. 자신에게 맞지 않는다고 생각했던 일이 그때가 되면 자신의 적성이라고 느껴진다. 적성에 맞다 맞지 않다는 성장의 느낌을 가질 수 있는가 없는가와 같은 의미가 아닐까?

우선 어떤 일이라도 열심히 노력해서 최초의 성장을 이뤄라. 그 순간부터 당신이 크게 성장할 수 있는 엔진이 움직이기 시작한다.

## 신뢰잔고가 급성장하는 순간을 만들어라

앞서 성장은 신뢰잔고를 늘리는 일이라고 했다. 그 신뢰잔고도 성장곡선과 마찬가지의 방식으로 올라간다.

처음에는 아무도 알아주지 않아도 주위의 신뢰를 얻기 위해 애쓰자. 그러면 어느 순간부터 누구나 "○○씨는 정말 열심히 일한다"고 평가해준다. 그동안 드러나지 않던 사람들의 신뢰가 갑자기 나타나는 것이다. 그때가 바로 신뢰잔고가 급성장하는 순간이다.

일단 평판이 좋게 나기 시작하면 모두가 그의 성장을 인정하고

그를 기대하게 된다. 그러면 또다른 급성장의 순간까지 노력하기도
쉽고 신뢰잔고도 동시에 늘어난다.

# 04

# 약속과 실행으로
# 신뢰잔고를 늘려라

> 신뢰는 약속과 실행에 의해 획득된다고 확신한다. 약속하고 그 약속을 지킴으로써 상대 방의 신뢰를 얻을 수 있다. 자유를 획득하려면, 즉 신뢰잔고를 늘리려면 약속을 전략적으로 이용해야 한다. "

## 신뢰관계 구축을 위한 첫걸음은
## 약속의 선언이다

성장은 신뢰잔고를 늘리는 일이며 그로 인해 자유로워질 수 있다고 했다. 그렇다면 신뢰잔고는 어떻게 늘릴 수 있을까? 또 신뢰는 어떻게 얻을 수 있을까?

필자의 경험과 수많은 직장인을 관찰한 결과, 신뢰는 약속과 실행에 의해 획득되는 것이라고 확신한다. 약속하고 그 약속을 지킴으로써 상대방의 신뢰를 얻을 수 있다.

남녀관계를 예로 들어보자. A가 B에게 사귀자고 청했지만 B는 소문난 바람둥이인 A를 도저히 믿을 수 없었다. 이때 A가 B와 신뢰관계를 구축하는 첫걸음은 "절대로 다른 여자와 만나지 않는다" 같은 약속을 선언하는 것이다. 그리고 무슨 일이 있어도 그 약속을 지킨다. 그 결과 B도 A를 믿게 된다. 그때 비로소 A와 B의 신뢰관계가 성립될 수 있는 가능성이 생긴다. 남녀관계뿐 아니라 두 사람 이상의 관계가 이뤄지는 모든 상황에서 통용되는 법칙이다.

국가를 예로 든다면 "선제공격은 하지 않는다" "미사일을 발사하지 않는다"고 서로 약속하고 장기간에 걸쳐 그 약속을 실행한다면 양국 간에 신뢰가 싹트게 된다.

## 약속의 실행이 신뢰잔고를 증가시킨다

물론 회사에서도 마찬가지다. 학창 시절 올빼미형이었던 필자는 아침 일찍 일어나 출근해야 하는 회사 생활이 무척 힘들었다. 입사식까지 지각해서 당시 인사부장에게 눈물이 쏙 빠지게 야단맞은 것을 기억한다.

입사 후에야 입사식이나 시무식에 지각하는 것이 말도 안 되는 일이라는 사실을 겨우 이해하게 되었다. 하지만 때는 이미 늦었다. 이미 필자는 모두에게 지각하는 사람으로 이미지가 굳어져버렸다.

이때 신뢰관계를 회복하려면 "지각하지 않겠다"고 선언하는 수밖에 없다. 스스로 그렇게 결심하고 신입 사원이니 특별난 일은 하지 못해도 어쨌든 지각은 하지 않겠다고 주위 사람들에게 약속한 뒤, 이를 우직하게 지켜갔다. 출근시간뿐만 아니라 회의 때도 항상 5분 전에 가서 기다렸다. 남들이 5분, 10분 늦더라도 미리 가서 기다렸다. 그러자 어떤 일이 일어났을까?

지각하지 않는 일 같은 것은 직장인에게 극히 당연하고 사소한 약속이다. 그렇지만 1년 정도 꾸준히 실행하자 '저 사람은 절대 지각하지 않는다'는 인상이 새겨졌다. 그리고 3년, 5년이 지나자 "저 녀석은 믿을 만하다" "열정이 있다"는 식으로 다른 부분까지 평가가 확대되었다. 10년 정도 지나자 "저 녀석은 일류다"라는 소리를 들을 때도 있었다. 결국 "지각하지 않겠다"처럼 아주 사소한 일도 약속하고 계속 실행한 결과, 신뢰잔고가 비약적으로 늘어났다. 자신의 잘못으로 엉켜버린 실타래 같은 인간관계를 이 같은 사소한 약속과 실행이 신뢰로 확실히 연결해준 것이다.

## 약속과 실행을
## 전략적으로 이용하자

약속이 때때로 답답한 구속처럼 느껴질 수도 있다. 하지만 그런 사고방식은 고치도록 하자. 자유를 획득하려면, 즉 신뢰잔고를 늘리려면 약속을 전략적으로 이용해야 한다.

필자는 컨설턴트로서 다양한 프로젝트의 리더를 담당했다. 프로젝트가 성공하기 위해서는 고객이 되는 사원들에게 단기간에 신뢰를 얻어야 한다. 그러지 않으면 필자가 무슨 말을 해도 사원들이 생각대로 움직여주지 않기 때문이다. 따라서 신뢰를 얻기 위해 '신뢰는 약속과 실행을 통해 쌓인다'는 법칙을 전략적으로 활용했다.

"회의는 반드시 한 시간 내에 끝낸다" "보고서는 그날 중에 결재한다"와 같은 사소한 일이라도 약속을 선언하고 전부 지킨다. 그러면 짧은 기간 안에 그들의 신뢰를 얻을 수 있다.

필자의 회사는 M&A를 통해 성장해왔다. 신임 회장이 된 필자 역시 신뢰를 얻기 위해 새로운 사원들에게 약속하고 이를 실행했다. "임금은 삭감하지 않는다" "업무 환경을 일정 수준까지 좋게 만든다"고 선언하고 실행함으로써 사원들이 필자를 신뢰하게 되었고 의사소통도 원활해졌다.

단, 지키지 못할 약속은 처음부터 하지 않아야 한다. 약속을 지키지 못한 시점에서 신뢰를 잃기 때문이다. 약속을 선언하는 일 자체는 높이 평가할 수 있지만 그 약속을 지키지 못해 신뢰를 잃으면 약속을 선언하지 않는 것만 못하게 될 것이다.

# 05

# 자기 찾기보다
# 자기 창조를 하라

" 자유를 획득하면 다양한 선택권을 쥐게 된다. 좋아하는 일을 할 수 있으므로 시간과 돈을 어떻게 쓸 것인지 결정할 수 있다. 이것이야말로 자신의 소신을 분명히 할 수 있는 진정한 자기 찾기다. "

## 왜 사람들은
## '진정한 자기 찾기'에 빠지는가?

'자기 찾기' 사이클에 빠진 사람은 성장 사이클에 진입한 사람과 점점 격차가 벌어진다. 왜 사람들은 자기 찾기를 하는 걸까? 눈앞의 현실에서 도망치고 싶을 때 자기 찾기를 하는 경우가 많다. '나는 왜 일해야 하는가?'라는 의문을 느낄 때와 마찬가지다.

철봉 거꾸로 매달리기의 예를 다시 떠올려보자. 몇 번이나 도전해도 해낼 수 없는 현실에 부딪히면 어떤 사람들은 자신에게는 맞지 않는 일이라며 일찌감치 포기한다. 그 사람은 외발자전거나 수영도 모두 조금씩 해보고는 자신과 맞지 않는다며 다른 놀이를 찾는다. '내게 딱 맞는 놀이가 있을 거야'라고 생각하면서 말이다.

이런 상황을 일로 바꾸어 생각해보자. 신입사원으로 회사에 들어가면 처음 해보는 일을 하기 때문에 누구나 마찬가지로 힘들다. 하지만 그때 꾸준히 노력하기보다는 내게 이 회사가 맞지 않는다며 포기하고 도망치는 사람이 늘고 있다. 그런 사람들은 다른 회사로 옮겨가봐야 마찬가지다. 이쪽 업계는 맞지 않는다, 상사가 이상한 사람이다 등등 온갖 핑계를 대며 회사를 그만둔다. 그리고 "내 적성에 맞는 일은 무엇일까?" "어떤 회사가 좋을까?" "진정한 나는 어디에 있을까?" 이런 질문을 되풀이한다.

하지만 질문만 한다고 문제가 해결되지 않는다. 냉정하게 말하면 '진정한 자신'은 이것저것 찔끔찔끔 손만 대다가 어렵다고 포기하는 자신이다. 지금의 자신이 아닌 '진정한 자신'이 어딘가에 따로 있지 않을까 하고 현실에서 도망쳐서 찾아본들 그런 자신은 영원히 찾을 수 없다. 소중한 인생만 낭비할 뿐이다. 이것이 자기 찾기를 되풀이하는 사람의 진정한 모습이다.

## 성장은 자신의 다양한 역할을 획득하는 과정이다

자기 찾기를 하는 사람들은 '운명적으로 결정된 이상적인 자신이 반드시 존재하고, 그것을 찾을 수 있다'는 심리적 전제를 가지고 있다. 그렇기 때문에 그것을 찾으려 애를 쓴다.

하지만 과연 이미 결정된 자신 같은 것이 있을까? 그런 것은 없다.

미래의 자신은 지금부터 노력하고 행동한 그 결실로 완성된다. 신뢰잔고를 늘리고 자유를 얻으며 성장하는 과정에서 다양한 자신의 역할을 획득하여 자신이 완성되는 것이다. 이것만큼 확실하고 누구나 다 할 수 있는 것은 없다.

지금은 형체가 보이지 않을 수 있다. 다양한 경험을 통해 서서히 형태를 갖추어가는 과정을 떠올리자. 그것이 동그란지 세모난지 네모난지 또 크기는 어느 정도인지, 모두 지금의 당신이 살아가는 방식 자체로 결정된다.

인생을 살면서 여러 가지 일을 하고 이런저런 사람을 만나면서 다양한 자신을 획득한다. 경영자와 컨설턴트로서의 자신, 강연자로서 청중과 만나는 자신, 아버지와 남편으로서 가족과 함께하는 자신, 당연하지만 이런 것들이 모두 지금의 필자다.

장면과 상황 그리고 상대방에 맞추어 각각의 '자신'을 구별해서 드러내고 남도 나도 즐겁게 지낼 수 있는 역할을 연기하는 것이 성숙한 인간이다.

20여 년 전, 필자가 사회에 첫발을 디뎠을 때는 지금의 내 모습을 전혀 상상도 못했다. 하루하루 열심히 일하고 진심으로 사람들을 대한 결과, 다양한 자신을 획득하면서 지금의 내 모습이 만들어졌다는 것을 이제는 잘 안다.

유일무이한 자신의 모습을 찾는 일은 아무 의미가 없다. 하나하나의 일과 사람과의 만남을 소중히 하고 그때 그곳에서 새로운 자신을 획득하는 것, 즉 자신을 창조한다는 발상이 무엇보다 중요하다.

## 자기 찾기는
## 자유를 획득한 다음이다

그렇다고 자기 찾기를 부정하는 것은 아니다. 자기를 찾으려면 그 나름대로 바닥을 다지지 않으면 안 된다. 필자도 이 나이가 되어서야 그 사실을 깨달았다. 자기 찾기는 자유를 획득한 후에야 의미를 갖는다.

자유를 획득하려면 부단히 애쓰고 고생해야 한다. 그러는 동안 자신도 모르게 사람은 자기가 할 수 있는 일, 자기밖에 못 하는 일을 몸에 익힌다. 이것이 자신을 찾기 위한 기초체력이다.

자유를 획득하면 다양한 선택권을 쥐게 된다. 좋아하는 일을 할 수 있으므로 시간과 돈을 어떻게 쓸 것인지 결정할 수 있다. 이것이야말로 자신의 소신을 분명히 할 수 있는 진정한 자기 찾기다.

선택권도 없이 자기를 찾는다면 그저 헤매면서 무의미하게 시간을 낭비할 뿐이다. 우선은 자유라는 카드를 손에 넣기 위해 자기 창조를 해야 한다.

# 06

# 업무의 보수를
# 일로 받아라

> 주어진 일에 충실하자. 그 일에서 성과를 내고 신뢰를 획득하자. 이 과정을 꾸준히 되풀이하면 결국에는 내가 하고 싶은 일을 할 수 있는 기회가 찾아온다. 성과를 내고 신뢰를 획득하면 궁극적으로는 일의 내용과 상대를 선택할 수 있는 자유를 손에 넣을 수 있게 되는 것이다.

## 업무의 보수는
## 돈이 아니다

"업무의 보수는 일이다." 필자가 신입사원으로 입사했을 때 선배가 들려준 말이다.

일반적으로 업무의 보수는 월급이라고 생각한다. 필자도 처음에는 선배의 말이 무슨 소리인지 이해하지 못했다. 하지만 경험이 쌓이면서 그 의미를 이해하게 되었고 성장을 위해서는 반드시 필요한 발상이라고 생각하게 되었다. 그래서 여러분에게도 꼭 이 이야기를 들려드리고 싶다.

필자는 대학 졸업 후 들어간 첫 직장에서 인사부로 발령이 났다. 처음 반년 동안은 채용업무를 담당하면서 나름대로 성과를 올렸다. 그뒤 신입사원 내정자의 부모를 대상으로 회사 견학을 계획하고 실시하는 일을 맡았다. 신입 사원이었지만 업무 전체를 담당하게 된 것이다.

당시 신입 사원 내정자는 약 팔백 명. 보호자에게 일일이 연락을 취하고 참가 여부를 확인했다. 지방 출신이 많아 숙박 배정도 필요했다. 프로그램을 기획하고 신입 사원에게는 구름 위의 사람처럼 느껴지는 사장과 임원들의 스케줄도 확인했다. 신입 사원의 부모님에게 기숙사 등의 시설을 보여주기 위해 차량도 수배했다.

할 일은 산더미 같았고 신입 사원인 필자가 감당하기에는 너무 힘들었다. 그때 '업무의 보수는 일'이라는 선배의 말을 떠올리며 이런 보수 따위는 필요 없다고 울분을 토했다. 내가 가진 능력만으로는 도저히 역부족이었다. 직속 상사는 물론 사장실, 임원 비서, 총무 등 다양한 부서의 선배들에게 도움을 요청했다.

처음에는 너무 요령이 없어서 구박받기 일쑤였다. 하지만 결국 '애쓰는 모습이 가상하니 도와주겠다'는 협조자들이 조금씩 생겼다. 그 결과 임무를 성공적으로 완수할 수 있었다.

## 좋은 일이 다음 일을 부르고 성장의 기회를 가져다준다

이때의 경험 덕분에 필자는 한 단계 성장할 수 있었다. 끝까지 포기하지 않고 전국에서 천 명이 넘는 인원을 불러모아 개최한 대대적인 이벤트 진행을 완수했다는 경험은 확실히 자신감을 키워주었고 이제 어떤 일이 닥쳐도 두렵지 않았다. 또 이 일로 인해 회사 내에서 필자의 지명도도 올라갔다. '끝까지 맡은 일을 포기하지 않는 녀석'이라는 이미지와 함께 말이다.

그뒤부터 인사 업무에서 조금 어려운 일에는 늘 필자가 지명되었다. 이때 비로소 '업무의 보수는 일'이라는 선배의 말이 무슨 뜻인지 깨달았다. 업무에서 좋은 성과를 내면 어렵지만 보람 있는 일을 맡게 되고 큰 신뢰를 얻을 수 있는 기회가 생긴다는 말이었다.

대부분의 사람들은 자신이 맡은 일에 대해 '내가 하고 싶은 일이 아니다'라고 생각하거나 '정말 하고 싶은 일이 있지만 내 의견을 무시한다'며 불만을 품는다. 하지만 이럴 때 자신의 희망사항을 이것저것 말해봐야 아무 소용없다.

'업무의 보수는 일'이라는 관점으로 바라보자. 하고 싶은 일을 맡으려면 눈앞에 주어진 일부터 성과를 내야 한다는 사실을 깨닫게 될 것이다.

주어진 일에 충실하자. 그 일에서 성과를 내고 신뢰를 획득하자. 이 과정을 꾸준히 되풀이하면 결국에는 내가 하고 싶은 일을 할 수 있는 기회가 찾아온다. 성과를 내고 신뢰를 획득하면 궁극적으로는 일의 내용과 상대를 선택할 수 있는 자유를 손에 넣을 수 있는 것이다.

'업무의 보수는 일'이라는 사고방식으로 일하면 자유를 얻을 수 있다. 하지만 이렇게 생각할 수 있는 사람은 그리 많지 않다. 그 이유는 무엇일까?

## 오랜 시간의 노력에
## 이자가 붙는다

그것은 역시 많은 사람들이 '일의 보수는 돈'이라는 사고방식에 젖어 있기 때문이다.

일의 보수는 돈이라는 관점에서 필자의 신입 시절을 돌아보자. 잠도 제대로 못 자고 죽을힘을 다해봐야 월급은 다른 동기들과 다를 바 없다. 경제적인 이점은 전혀 없다. 쏟아부은 정성과 시간을 생각하면 오히려 마이너스라 할 것이다.

하지만 1년, 3년, 5년처럼 장기적인 관점으로 보면 마이너스가 되는 일이 쌓이고 쌓여 회사 안에서 자신의 지명도나 평판이 올라간다. 또 일하는 근육이 단련되어 자신감이 생기고 그 결과 다음 기회가 찾아온다.

장기적인 관점에서 보면 경제적으로도 확실히 이득이다. 신참 시절에는 연봉이 일률적이지만 몇 년 지나면 능력에 따라 큰 차이가 벌어지기 때문이다.

이것은 회사에 투자할 때와 마찬가지다. 견실하게 성장하는 회사에 투자하면 당장은 주가가 오르지 않지만 회사가 점차 성장하면서 주가도 서서히 올라 나중에는 큰 수익을 올리게 된다.

필자의 경우 노력의 결과를 인정받아 높은 평가를 받았으며 승진이라는 형태로 결실을 맺었다. 오랜 세월 동안의 노력에 이자가 붙어 경제적으로도 이익을 얻은 것이다.

## 부자가 되기까지
## 타임래그가 필요하다

물건을 살 때는 돈을 내면 그만큼의 가치가 있는 물건과 곧장 바꿀 수 있다. 일의 경우는 다르다. 일의 보수를 경제적 이익으로 향유하려면 반년, 1년, 경우에 따라서는 3년 이상의 시간적 경과, 즉 타임래그time lag가 필요하다.

연예인을 예로 들어보자. 성공한 연예인들은 무명 시절의 고생담이 많은데 그들은 무명 시절을 거쳐 처음에는 코미디나 버라이어티 프로그램에서 성과를 내면서 인기를 얻는다. 그렇다고 이때 당장 수입이 폭발적으로 늘지는 않는다. 일단 인기를 얻으면 출연하는 프로그램이 하나둘 늘어나 각종 프로그램의 사회를 맡거나 영화나 연극에 출연하는 등 다양하고 새로운 자기표현의 기회가 늘어난다. 그 기회를 바탕으로 한층 더 성장하고 마침내 간판 프로그램을 맡을 정도의 독보적인 존재로 진화한다. 꾸준한 노력이 시간이 경과한 뒤 큰 수익으로 결실을 맺은 것이다.

회사원도 마찬가지다. 그런 의미에서 이 일 저 일 아르바이트만 전전하는 사람은 이 타임래그의 발상을 전혀 이해하지 못한다.

'열심히 일하는데 시급이 너무 싸다. 천 원 더 주는 아르바이트로 바꾸자.' 이런 발상으로 지금 당장의 일과 보수를 교환하면 한 가지 일을 계속해서 얻을 수 있는 '이자', 즉 자신의 성장과 그에 동반되는 경제적 수익을 내던지는 꼴이다.

눈앞의 보수에만 집착하지 않고 '노력은 반드시 이자가 되어 돌아온다'고 믿는 사람이야말로 결과적으로 더 빨리 성장하는 동시에 더 많은 수익을 손에 쥘 수 있다.

# 07

# 따분함을 재미로 바꿔라

" 객관적으로 재미있는 일과 따분한 일이 따로 존재하는 것은 아니다. 자신이 그 일에 어떻게 참여할지를 생각하지 않는다면 재미있는 일도 따분한 일도 없다. 일을 실행하는 것은 자신임에도 사람들은 일에 대한 느낌을 다르게 갖는 방법을 염두에 두지 않는다. "

## 재미있는 일과 따분한 일이
## 따로 있는 것은 아니다

처음부터 재미있는 일과 따분한 일은 없다. 이렇게 말하면 의문을 갖는 사람이 많을 것이다. 그럼 이렇게 말해보자.

"모든 일은 재미있다."

점점 더 의문이 생길 것이다.

지금 하는 일이 따분하다고 느끼는 사람들이 많다. '저 일은 재미있겠다' '저런 일을 하는 사람은 얼마나 좋을까?'라며 다른 사람을 부러워하기도 한다. 하지만 일 자체는 재미있는 일과 따분한 일로 구분되지 않는다. 같은 일을 '재미있다고 생각하는 자신'과 '따분하게 느끼는 자신'이 있을 뿐이다.

일이 주어졌을 때 '단순해서 재미없다' '고생스럽기만 하고 보람이 없다' '하고 싶은 일이 아니다'라고 생각한다면 어떨까? 열의가 없으니 당연히 일을 대충대충 하게 된다.

반면 반드시 성공시키겠다는 각오로 열정적으로 일하면 어떻게 될까?

신입 시절, 필자는 대량의 서류를 봉투에 넣어 발송하는 일을 하곤 했다. 생각만 해도 질릴 정도로 단순한 작업이었다. 하지만 동료와 게임을 하듯 누가 빨리 하는지 경쟁하면서 일하자 속도도 빨라지고 즐겁게 할 수 있었다. 아무리 단순한 업무도 게임처럼 즐기면 재미있는 일이 될 수 있다.

또 관심 없는 부서에 배치되었다고 억지로 일하면 하루하루가 지루하기 짝이 없을 것이다. 하지만 일단 흥미를 가지고 일해보니 자신이 잘할 수 있는 분야가 늘어나 재미있어졌다는 사람도 자주 있다.

결국 마음먹기에 따라 재미있는 일과 따분한 일이 결정된다. 그일을 자신이 어떻게 생각하고 어떻게 참여하는지가 중요하다.

## 신나게 일하려면 의미를 부여하라

다시 말하지만 객관적으로 재미있는 일과 따분한 일이 따로 존재하는 것은 아니다. 따라서 자신에게 주어진 일이 재미있는지 따분한지 생각하는 일 자체가 난센스다. 자신이 그 일에 어떻게 참여할지를 생각하지 않는다면 재미있는 일도 따분한 일도 없다. 일을 실행하는 것은 자신임에도 사람들은 일에 대한 느낌을 다르게 갖는 방법을 염두에 두지 않는다.

일을 재미있게 느끼면 된다. 어떻게 그렇게 할 수 있을까?

방법은 간단한다. 맡은 일에 나름대로 의미를 부여하는 것이다.

- 이 일은 내가 서투른 영역이지만 내 자신이 성장할 기회일지도 모른다.
- 멋지게 완수하면 주위 사람들의 평가가 달라질 것이다.
- 하고 싶은 일은 아니지만 능력의 폭을 넓힐 수 있을 것이다.

이렇게 생각하면 기대와 희망이 생기면서 일에 몰두할 수 있다.

어떤 일이든 자기 나름대로 거창하게 의미를 부여하고 몰입하면 반드시 재미를 찾을 수 있다. 스스로 그 일에 필사적으로 매달리게 만드는 '의미부여 능력'을 익힌다면 어떤 일도 고생으로만 여기지 않고 재미있게 할 수 있다.


## 나쁜 회사도 없고 나쁜 상사도 없다

이 법칙을 적용하면 객관적으로 좋은 회사도 나쁜 회사도 없다. 자신이 참여해서 어떻게 관계를 맺느냐에 따라 좋은 회사와 나쁜 회사가 구별된다. 진지하게 업무에 열중해서 성장할 기회를 얻었다면 어떤 회사라도 좋은 회사가 된다.

필자가 이전에 근무하던 회사는 괜찮은 곳이었다. 십수 년 동안 일하면서 필자 자신의 성장을 실감할 수 있었기 때문이다. 같은 회사에서 근무했더라도 몇 개월 만에 그만뒀던 사람이라면 다른 식으로 느낄 것이다.

좋은 상사와 나쁜 상사도 마찬가지다. 상사 운이 없다고 말하는 사람이 종종 있다. 하지만, 그 상사와 어떤 식으로 일하고 그 관계에서 무언가를 배우려고 했는지, 상사와 어떻게 소통했는지에 따라 결과는 크게 달라진다. 상사 운이 없다고 하는 사람은 다른 직장에서 새로운 상사를 만나도 반드시 똑같은 소리를 할 것이다. 불평만 하는 사람은 누구에게든 불만을 느끼는 법이다.

# 08

## 스스로
## 의미부여자가 돼라

> 성장해서 완벽한 자유를 얻을 때까지는 '이해할 수 없고 납득하기 어려운 일은 다반사'라고 각오하자. 그 각오와 함께 자기 나름대로 그 우연에 의미를 부여하는 일이 중요하다.

## 최초의 발령지는
## 포커 게임의 카드와 같다

"왜 여기로 발령이 났을까?" 라는 물음은 의미가 없다.

경영학자이자 사회학자인 피터 드러커는 『프로페셔널의 조건』에서 '최초의 업무는 복권'과도 같다고 말한다. 필자는 이 말을 '포커 게임의 카드'로 바꿔 표현하려 한다.

인사 담당자일 때나 사장이 된 지금도 신입 사원이 1, 2주일 지나서 '왜 나를 이 부서로 발령했는지' 물어올 때가 있다. 그럴 때마다 필자는 냉정하게 그저 '우연히'라고 답한다.

물론 "자네에게 이런 적성이 있어서 배치했다"고 말해주고 싶지만 엄밀히 말해 그것은 거짓말이다. 인사 업무를 담당했으니 이런 말도 할 수 있지만, 신입 사원의 능력이란 실제 일을 해본 적이 없기 때문에 미지의 세계다. 물론 적성을 보고 발령하는 경우도 있지만 별다른 이유 없이 혹은 그저 머릿수를 맞추느라 발령을 내는 경우도 적지 않다.

포커 게임에서는 우선 딜러가 게임 참가자들에게 카드를 나누어준다. 전부 다른 경우도 있고 원 페어인 경우도 있다. 처음부터 운좋게 쓰리 카드를 줄 수도 있다. 어떤 카드를 받건 딜러에게 "왜 나한테는 이런 카드를 주었느냐"고 묻지 않는다. 물어본들 딜러는 우연이라고 대답할 것이다. 최초의 근무 부서도 마찬가지다.

## 부서 배치에 대해 의미를 부여하는 것은 자신이다

왜 신입 사원들은 이런 질문을 할까?

그 이유는 '누군가 해답을 주었으면 좋겠다' '누군가 이 부서 배치에 의미를 부여해주었으면 좋겠다'고 생각하기 때문이다.

젊을 때는 누구나 자신의 시점에서만 상황을 판단하는 경향이 있다. 그래서 자신의 배치에 대해 '회사의 굳은 의지와 치밀한 분석에 따라 자신이 지금 이곳에 있다'고 생각하고 자신을 상당히 큰 존재로 착각하기 쉽다.

그것은 잘못이다. 신입 사원은 어떤 사람이든 능력도 기량도 실적도 거의 없는 보잘것없는 존재다. 성장하고 싶다면 우선 현재의 자신이 조직 내에서 보잘것없는 존재일 뿐이라는 사실을 깨달아야 한다.

만일 그들에게 애써 발령을 낸 이유를 꾸며대면 그들은 자신이 '보잘것없는 존재'라고 깨달을 수 있는 기회를 놓치게 된다. 또 신입 사원 시절에 그런 답을 간단히 손에 넣는다면 '사회에 나가도 타인에게 정답을 부여받을 수 있다'는 이상한 의존 심리를 갖게 된다.

일부러 냉정하게 우연이라고 답하는 가장 큰 이유는 자기 스스로 그 배치에 대해 의미부여를 하기 바라서다. 이때도 앞서 말한 의미부여 능력이 중요한 의미를 지닌다.

왜 지금 이곳에 있고 이 일을 담당하는가? 이 질문에 대해 스스로 의미를 부여할 수 있는 힘은 오래도록 계속될 회사 인생에서 필수적인 능력이다.

조직에서 일하다보면 이해할 수 없고 납득하기 어려운 인사도 적지 않다. 기껏 능력을 쌓았더니 다른 부서로 인사 발령이 나거나, 애써 인맥을 구축하고 이제부터 능력을 발휘하려는 순간에 지방으로 전근을 가는 경우도 생긴다. 도대체 왜인지 상사나 인사 담당자에게 따지고 싶은 경우도 많다.

하지만 이런 일들은 누구에게도 그 이유를 물어서는 안 되는 것이다. 성장해서 완벽한 자유를 얻을 때까지는 '이해할 수 없고 납득하기 어려운 일은 다반사'라고 각오하자. 그 각오와 함께 자기 나름대로 그 우연에 의미를 부여하는 일이 중요하다.

- 이것은 새로운 능력을 기를 기회다.
- 이 시련을 극복하면 어떤 극한 상황도 견뎌낼 수 있다.

- ○○ 지역에 새로운 인맥을 쌓을 수 있을 것이다.

이러한 의미부여를 통해 스스로 노력할 수 있는 에너지가 만들어진다. 스스로 얼마나 장대한 의미부여를 할 수 있는가, 그에 따라 성장 여부가 결정된다.

최초의 발령에서 자신이 바라던 대로 쓰리 카드를 받은 사람도 있고 하고 싶은 일과는 거리가 먼, 모양과 색이 제각각인 카드를 받은 사람도 있을 것이다.

그때 어떤 카드를 몇 장 버리고 어떤 역할을 만들어가는지는 자신의 선택이다. 자신의 경력을 디자인하고 쌓는 일은 어떤 카드를 버리고 또 뽑는 과정을 되풀이하면서 자신만의 '역할'을 만드는 일이다. 이것이 바로 우연을 성장으로 바꾸기 위한 방침이다.

## '필연'이 아니라 '우연'의 사고방식을 갖자

사람은 과거에 우연히 일어난 일을 '그때 우연히' 하고 회상할 때가 있다. 이 '우연히'라는 말을 언제 쓰는지 생각해보자.

필자는 '우연히 인사부에 발령이 나서'라고 자주 이야기한다. 당초 영업 지망이었던 필자에게 인사부 발령은 원하던 카드가 아니었다. 하지만 그곳에서 각오를 다지고 필사적으로 일한 결과 나만의 역할을 만들 수 있었다. 그런 경험이 있었기 때문에 이 '우연히'가 '덕분에 지금의 나로 이어졌다'고 회상한다.

그렇지 않다면 일부러 과거의 일을 '우연히'라며 화제로 삼을 일도 없고 기억하고 있지도 않을 것이다.

필자는 당당히 '우연히'라고 되돌아보며 말할 수 있는 인생이 좋다.

- 우연히 이 상사와 만나서
- 우연히 이 일을 담당해서
- 우연히 이런 공부를 해서

다양한 우연을 나중에 좋은 우연이었다고 말할 수 있도록 우연과 마주치면 열심히 노력한다. 그 결과 경력이 쌓인다.

미래는 정해진 것이 아니다. 자기가 어떻게 하느냐에 따라 바뀐다. 성과를 낸 사람만이 과거의 무엇가를 가져다준 그 우연을 필연이었다고 말할 수 있다.

여러분도 '우연'을 많이 이야기할 수 있는 인생을 살고 싶지 않은가?

# 09

# 더 당당한 현재의 자신을 만들어라

" 지금의 자신은 모두 과거의 자신에게 책임이 있다고 인식하자. 그러면 마침내 자신의 미래는 자신의 판단과 선택에 따라 달라진다는 사실을 깨닫게 된다. 이상적인 미래는 다른 누군가가 아닌 스스로 만드는 것이다. "

## 현재의 자신은
## 과거의 총결산이다

"지금 내 상황은 너무나 불행하다." "나는 늘 운이 없다." "내 인생이 잘 풀리지 않는 이유는 누구누구의 무엇무엇 때문이다."

지금 이런 식으로 한탄만 하고 있지 않은가? 그렇다면 앞으로도 당신의 상황은 결코 바뀌지 않는다. 앞날이 뻔하다. 아무리 가난한 집에 태어나도 외모가 결코 이상적이지 않아도 충실하게 인생을 살아가는 사람들이 많다.

앞서 이야기한 포커 카드를 떠올려보자. 받은 카드가 무엇이더라도 그중에서 어떤 카드를 몇 장 버리고 어떤 역할을 만들어가는지를 결정하고 실행하는 것은 자기 자신이지 그 누구도 아니다. 자기 판단, 자기 선택의 축적. 즉 '모든 과거의 선택'이 지금의 자신을 만든 것이다. 냉정히 말하면 지금 당신의 처지는 그 누구의 탓이나 운에 의해서 결정된 것이 아니다. 모두 당신 과거의 총결산이다.

당신은 지금까지 모든 일을 판단하고 선택하면서 살았지만 스스로 인식하지 못할 수도 있다. 하지만 생각해보자.

- 오늘은 야근할까 아니면 내일까지 미룰까?
- 이번 주말은 영화를 볼까, 드라이브하러 갈까?
- 오늘 저녁은 외식을 할까, 집에서 먹을까?

이런 식으로 일상 속에서 사람들은 놀랄 만큼 많은 판단과 선택을 하면서 살아간다. 과거를 돌아봐도 마찬가지다.

- 포기하지 말고 끝까지 시험공부를 해볼까, 그냥 텔레비전이나 볼까?
- 어떤 학교로 시험볼까?
- 어떤 아르바이트를 할까?
- 어려운 학원에 들어갈까, 쉬운 곳에 들어갈까?
- 어떤 회사를 찾아가볼까?
- 우선 대충 일해볼까, 철저하게 해볼까?

이런 것들도 모두 자신의 판단과 선택이다.

만일 지금 자신의 처지가 불만이라면, 과거에 성공할 수 있는 기회가 찾아왔지만 제대로 살리지 못했거나, 알아차리지 못했거나,

선택하지 못했거나, 이들 중 어떤 이유 때문임이 틀림없다. 남의 탓을 하거나 환경을 핑계로 대는 일은 간단하다.

- 집이 가난해서 유학을 못 갔다.
- 부모가 교육에 관심이 없어서 학원에 다니지 못했다.
- 학교 선생님이 다른 학부를 권했다.
- 경기 침체로 지망하는 회사마다 떨어졌다.
- 실력 있는 동기 때문에 중요한 업무는 경험하지 못했다.

모두 일리 있는 말이다. 그렇게 생각하는 마음도 이해할 수 있다. 하지만 타인의 말이나 주어진 환경을 극복하거나 깨부수려 하지 않고 그저 흐르는 대로 몸을 맡긴 자신도 분명히 그곳에 있었다. 타인이나 환경에 책임을 미루면 그곳에서 사고가 멈춘다. 스스로 무언가를 바꾸어가려는 의지는 태어나지 않는다.

우선 지금의 자신은 모두 과거의 자신에게 책임이 있다고 인식하자. 그러면 마침내 자신의 미래는 자신의 판단과 선택에 따라 달라진다는 사실을 깨닫게 된다. 이상적인 미래는 다른 누군가가 아닌 스스로 만드는 것이다.

## 과거의 모습도
## 선택의 결과였다

지금 고난에 빠진 사람에게는 가혹할 수 있지만 먼저 시험해보자.

만일 당신이 과거에 있었던 뜻하지 않은 일에 대해 타인이나 환경 탓을 한다면, 또 그것이 지금의 자신에게 큰 영향을 끼치고 있다면, '그때 자신은 무엇을 할 수 있었는지' 돌아보자.

예를 들어 불경기 탓으로 원하지 않은 회사에 취직할 수밖에 없었던 사람에게는 이렇게 묻고 싶다. 본인이 납득할 때까지 회사를 찾아보았는가? 원하지 않는 곳에 취직했다고 해도 그곳에서 노력해서 다음 기회를 얻을 수 있지 않았을까?

예를 들어 연봉이 낮은 회사에 들어가서 돈이 없다고 한탄하는 사람에게는 이렇게 묻고 싶다. 낭비는 전혀 하지 않았는가? 매달 조금씩이라도 저축할 수는 없었을까? 월급이 오를 수 있도록 노력했는가?

하고 싶지 않은 일만 담당하는 사람에게는 "주어진 일에 진지하게 매달려서 신뢰잔고를 쌓았는가?"라고 묻고 싶다.

이렇게 돌아보는 일은 미래의 자신을 만들어가는 판단과 선택을 위한 공부가 된다.

원하지 않았던 지금 자신의 모습이라는 굴레를 벗어나려면 우선 자신에게 책임이 있다는 사실을 인식하고 과거의 선택에서 배워야 한다. 그렇게 함으로써 반드시 지금까지와는 다른 미래를 만들 수 있기 때문이다.

전략
**Strategy**

# 10

# 각오로
# 정답을 돌파하라

> 만일 지름길인지도 모르고 운 좋게 A를 선택했어도 도중에 B를 선택하는 편이 나았을지
> 도 모른다고 주춤댄다면 최악의 경우 정답에 도달하지 못할 수도 있다. 즉 어느 쪽이 정
> 답인지는 중요하지 않다. 각오를 다지고 돌진함으로써 내가 가는 길이 정답이라고 자신
> 할 수 있는 인생을 만들어야 한다.

## 과거 선택의 정답을 구하는 것은
무의미하다

지금의 자신은 과거 선택의 총결산이다. 따라서 그때 다른 선택을 했다면 지금 더욱 행복할 것이라고 후회할 수 있다. 하지만 그런 사고방식은 옳지 않다. 왜냐하면 A와 B, 어느 한쪽이 정답이라는 생각 자체가 무의미하기 때문이다.

만일 B를 선택했지만 A를 택했다면 좋았을 것을 하고 후회한다고 하자. 하지만 A를 선택했다고 한들 어떤 일이 일어났을지, 행복했을지는 아무도 모른다. 역사에 '만일'이 없는 것처럼 과거의 선택에도 '만일'은 없다. 즉 정답 찾기 그 자체가 의미 없는 일이다.

시험을 칠 때 A나 B 중에서 정답을 고민했다고 하자. 시험이 끝나면 정답을 알 수 있다. 우리는 정답이 주어지는 일에 너무나 익숙하다. 그러나 인생의 선택에는 정답이 없다.

- 입사지원서를 낸 회사 중에서 A와 B, 두 회사에 합격했다. 어느 쪽을 선택할까?
- 결혼을 할까, 하지 말까, 한다면 누구와 할까?
- 이직을 해야 할까?
- 독립해서 창업을 해야 할까?

이런 고민은 모두 인생의 큰 전환점이다. 누군가 "이쪽이 정답!"이라고 말해준다면 그보다 더 편할 수 없을 것이다. 하지만 인생의 선택에 관해서는 누구도 정답을 알려주지 않는다.

정답을 알 수 없을 때, 우리는 무엇을 통해 결정해야 할까?

## 노력하겠다는 각오가 정답을 만들어낸다

그것은 바로 선택한 후에 노력하겠다는 각오다. 만일 당신이 고민 끝에 B를 선택했다면 B가 절대로 옳다고 믿고 결과적으로 B를 정답으로 만들기 위해 온 힘을 다해야 한다. 만일 B보다 A가 정답에 더 가까운 길이었다고 해도, 정답은 B라는 각오로 전력투구한다면 결과적으로 B도 정답이 된다.

만일 지름길인지도 모르고 운좋게 A를 선택했어도 도중에 B를 선택하는 편이 나았을지 모른다고 주춤댄다면 최악의 경우 정답에 도달하지 못할 수도 있다.

즉 어느 쪽이 정답인지는 중요하지 않다. 각오를 다지고 돌진함으로써 내가 가는 길이 정답이라고 자신할 수 있는 인생을 만들어야 한다.

세계 무대로의 진출을 꿈꾸는 A와 B가 있었다. 두 사람 모두 세계 시장에서 사업을 전개하는 제조업체와 종합무역회사에서 스카우트 제의를 받고 고민했다. 결과적으로 A는 제조업체, B는 종합무역회사를 선택했다. A는 각오를 다지고 스스로의 꿈을 이루기 위해 필사적으로 일했고 영어 공부도 게을리하지 않았다. 한편 B는 종합무역회사의 신입 사원이라면 누구나 경험하는 단순 업무에 시달려 '제조업체가 나았다'며 후회하느라 일에 집중하지 못했다.

단순한 예지만 어느 쪽이 먼저 꿈을 이룰지는 쉽게 예측할 수 있다. 물론 운도 따라야 하고 회사의 상황도 있으니 '어느 쪽이 먼저'라고 확언할 수는 없지만, 자신의 선택을 100퍼센트 납득하고 회사 생활을 충실히 하면서 목표에 매진하는 A가 더 행복한 삶을 살고 꿈을 이룰 확률도 높지 않겠는가?

## 각오를 다지고
## 성공을 불러들이자

요즘은 이직이 당연시되고 이혼도 드물지 않다. 선택의 자유가 늘었다는 의미에서는 결코 나쁜 일은 아니다. 하지만 그런 이유로 '한 번 실패해도 다시 하면 된다'는 사고방식이 만연해져 제대로 결심도 하지 않고 취직하거나 결혼 상대를 정하는 사람도 늘고 있는 것 같다.

입사한 후에도 결심을 굳히지 못해서 '이대로 괜찮을까' 하고 반신반의하는 자세로 업무에 임한다. 그런 상태라면 일에 대한 집중력도 떨어지고 당연히 성과를 내기도 어렵다. 또 사소한 일일 수도 있는 것을 결정적인 문제로 여겨져 '역시 이 회사는 틀렸다'고 판단을 내린다. 그리고 다른 회사로 옮긴다.

비슷한 과정으로 이혼을 결정하는 사람도 있을 것이다. 이는 '살다가 안 되면 이혼하지'라는 마음으로 결혼하기 때문이다.

예를 들어 인터넷 쇼핑으로 물건을 사는 경우, 반품 가능 여부에 따라 구매할 때 마음가짐이 크게 달라질 것이다. 일도 결혼도 반품 가능, 즉 언제든지 리셋 버튼을 누를 수 있다고 생각한다면 당연히 심사숙고하지 않을 것이다. 그리고 사소한 결점이 보인 시점에서 실제로 리셋하고 만다.

이 과정이 되풀이되면 언제까지나 정답에 이르지 못한다. 혹은 먼길을 돌아가야 한다. 과거의 사회풍조에서는 이직도 이혼도 쉽지 않았다. 그렇기 때문에 '이 회사에 평생을 바치자' '이 사람과 죽을 때까지 함께 살자'는 각오로 취직과 결혼을 결정했다.

다소 결점이 보이더라도 '이 일은 이런 재미가 있으니까' 하고 보람을 찾거나 '이 사람은 이런 면이 좋으니까' 하고 서로 타협하면서 따뜻한 행복을 키워가며 멋진 인생을 살아온 사람들도 많다.

언제든지 다시 선택할 수 있는 자유의 시대지만 오히려 다시 돌이킬 수 없다고 각오하고 일단 선택했다면 끝까지 노력한다. 그런 사람이야말로 성공을 불러들이는 법이다.

# 발상을 바꾸어 자신의 시장가치를 높이자!

# 11

# 아무도
기억하지 않는
2등보다
작은 1등이라도
되라

> 작은 분야라도 1등을 하면 특별한 기술이나 지명도가 없어도 두각을 나타낼 수 있다. 신기하게도 한 번 1등을 해서 주목을 받으면 저절로 '다음에는 더 열심히 해야지' 하고 분발한다. 그리고 그 마음가짐이 다시 성장을 부추긴다.

## 2등은 아무도
## 기억하지 않는다

이번 장에서는 실질적으로 자신의 시장가치를 높이는 방법, 즉 스스로를 성장으로 이끄는 방법을 소개한다.

첫번째는 성장의 첫걸음을 위한 이야기다. 첫걸음을 내딛는 계기는 '1등이 되는 것'이다.

왜 1등이 중요할까? "2등은 안 돼? 별 차이가 없잖아"라고 반응할 수도 있다. 하지만 반드시 1등이 되어야 한다. 다음 퀴즈를 풀어보자.

Q1. 세계에서 가장 높은 산과 두번째로 높은 산을 말하라.
Q2. 세계에서 가장 넓은 호수와 두번째로 넓은 호수를 말하라.

Q3. 미국의 초대 대통령과 2대 대통령을 말하라.

Q4. 비행기로 처음 하늘을 난 사람과 두번째로 하늘을 난 사람을 말하라.

네 문제 모두 첫번째 질문은 쉽게 답할 수 있다. 정답은 에베레스트 산, 카스피 해, 조지 워싱턴, 라이트형제. 하지만 두번째 질문에 답할 수 있는 사람은 얼마나 될까? 정답은 K2, 슈피리어 호, 존 애덤스, 트라이안 부이아이다. 특히 두번째로 하늘을 난 트라이안 부이아는 루마니아 국제공항 이름으로 남았지만 이를 아는 사람은 별로 없다.

가까운 예를 들어보자. 초등학교 시절 제일 성적이 좋았던 친구나 인기가 많았던 친구, 소위 1등의 이름이나 얼굴은 기억나지만 2등은 가물가물하다. 바로 그래서 1등을 하는 것이 중요하다. 1등이 되면 사람들의 기억에 남지만 2등은 아무도 기억하지 않기 때문이다.

## 작은 1등을 기회로 두각을 나타낼 수 있다

그렇다면 왜 사람들의 기억에 남는 것이 중요할까?

이는 심리학적인 관점에서 설명할 수 있다. 후광효과後光效果, halo effect는 어떤 사람이 특정 부분에서 특출하면 그것이 그 사람의 다른 부분에 대한 평가에도 영향을 미쳐 전체적으로 '뛰어난 사람'이라는 인상을 주는 것이다. 나쁜 평가의 경우도 마찬가지로 작용한다.

따라서 작은 분야라도 1등을 하면 특별한 기술이나 지명도가 없어도 두각을 나타낼 수 있다. 처음에는 무엇이든 좋다.

- 회사에 가장 먼저 출근한다.
- 인사할 때 목소리가 제일 크다.
- 사과하는 방법이 가장 능수능란하다.
- 책상 위가 제일 깔끔하게 정돈되었다.

이러한 1등이 존재감을 나타내는 첫걸음이다. 조금이라도 지명도가 오르면 차츰 범위를 넓혀가자. 책상 정리를 잘하면 자료 정리도 제대로 하자. 활기차게 인사한다고 칭찬받으면 보고도 큰 소리로 명확하게 하자. 아침 일찍 회사에 출근한다면 업무의 생산성을 높이자. 이렇게 수준을 높이다보면 자타가 모두 인정하는 성장을 이룰 수 있다.

신기하게도 한 번 1등을 해서 주목을 받으면 저절로 '다음에는 더 열심히 해야지' 하고 분발한다. 그리고 그 마음가짐이 다시 성장을 부추긴다.

우주의 시작은 빅뱅으로 알려져 있다. 응축된 에너지에 어떤 진동이 발생해서 폭발한 뒤 지금의 우주가 탄생한 것이다. 이처럼 제로 상태에서는 아무것도 시작될 수 없음은 분명하다.

우리가 말하는 1등 전략은 아무것도 아닌 자신에게 자극을 부여하는 수단이다. 필자의 빅뱅은 회사에 지각하지 않는다는 약속에서 출발했다. 그 약속을 지키는 일에는 항상 1등이었다. 아무리 사소한 일이라도 괜찮다. 자신이 1등을 할 수 있는 일을 찾아보자. 당신의 경우는 무엇인가?

## 온리원, 다각화, 집중을 통해 자유를 획득하자

자, 이제는 1등이 된 후의 이야기다.

경영학 이론 중에 '가위바위보 전략'이 있다. 반드시 기억하기 바란다. 필자의 회사를 예로 들어 이 전략을 살펴보자.

먼저 바위. 바위는 손을 쥔 상태다. 필자의 회사는 모티베이션 motivation 분야를 전문으로 시장에 진출해 온리원 only one을 목표로 성장했다. 사회적 인지도가 높아지자 모티베이션뿐 아니라 주변 영역의 의뢰도 늘었다.

다음은 보. 보는 손을 편 상태다. 의뢰가 늘어난 뒤 사업 영역을 다각화한 상태를 뜻한다. 필자의 회사도 마케팅이나 IR Investor Relations 등 다양한 영역으로 사업을 확장했다.

하지만 서서히 경영자원을 집중해야 할 분야가 생겼다. 그것이 가위의 상태다. 가위란 사업을 다각화한 보의 상태에서 일정 분야로 집중한 상태이다.

이처럼 가위바위보의 순서대로 사회와 시장의 움직임에 적응해야 한다.

경영학 세계의 이야기지만 개인이 성장해가는 과정, 즉 경력을 쌓는 과정에도 이 전략을 적용할 수 있다. 우선은 '활기차게 인사하기'에서 1등이 되자. 이것이 주먹. 그후 적극적으로 업무에 도전하고, 신속하게 완수하는 등 여러 가지 방면에서 두각을 나타내는 것이 보. 그리고 그 속에서 자신만의 비장의 무기를 연마한다. 이것이 가위. 이렇게 조금씩 성장하며 자유를 획득해가는 것이다. 자유 따위 먼 훗날의 이야기라고 생각하던 사람도 이제 실감이 날 것이다.

# 12

# 희소성으로 자신의 가치를 높여라

> ❝ 자신이 원래 가진 능력 또는 자신이 노력해서 가지고 있는 지금의 능력과 상반된 능력은 익히기 어렵다. 그렇다고 한 가지 능력만 계속 키운다면 성장에 한계가 있다. 만일 비약적인 성장을 바란다면 지금과는 다른 근육을 단련하자. ❞

## 수요가 있고 희소성이 있다면
## 값은 오른다

  시장에서 호평을 받으며 높은 가격에 판매되는 제품이 있다. 여러 가지 이유가 있지만 그중 하나로 희소성을 들 수 있다. 스스로를 높은 값으로 시장에 팔려면 진귀한 경험과 기술을 지닌 인재가 되어야 한다.

  희소성만 있어서는 안 된다. 예를 들어 아무리 작은 바늘구멍이라도 0.1초 만에 실을 통과시킨다면 이는 진귀한 기술이지만, 이 기술을 필요로 하는 기업은 별로 없다.

  즉 희소성이 높은 경험과 기술을 가지면서 동시에 그 경험과 기술에 대한 시장의 수요가 있는 것. 이것이 스스로의 몸값을 높일 수 있는 필수조건이다.

## 상반되는 능력이
## 희소성을 높인다

먼저 희소성을 살펴보자. 희소성을 높이는 데는 한 가지 법칙이 있다. 마라톤 선수를 예로 들어보자. 마라톤 선수라면 당연히 지구력이 뛰어나야 한다. 그와 동시에 마지막에 힘을 발휘할 수 있는 순발력까지 지녔다면 더할 나위 없다. 모든 팀이 그를 스카우트하고 싶어할 것이다.

지구력과 순발력. 이것은 서로 상반되는 능력이다. 그래서 두 가지 모두를 겸비한 사람은 그리 많지 않고 그렇기 때문에 시장에서의 가치가 올라간다.

이것을 비즈니스에 적용해보자.

논리적 사고력을 지닌 사람이 시장에 만 명 있다고 하자. 굉장한 숫자다. 감성적인 커뮤니케이션이 가능한 사람도 만 명 있다고 하자. 이것도 꽤 많은 숫자다.

하지만 이 두 가지 능력을 동시에 갖추기 어렵다는 전제 하에서 양쪽을 겸비한 인재가 시장에 열 명 정도밖에 없다면 어떨까? 당연히 그들의 몸값은 올라간다. 모든 회사가 그런 인재를 원하기 때문이다.

자신의 가치를 높이려면 성질이 다른 두 가지 능력을 갖추어야 한다. 예를 들어 논리적 사고력과 창의력, 상대방을 설득하는 힘과 상대방의 말에 경청하는 힘, 새로운 일에 끊임없이 도전하는 능력과 주어진 일을 완벽하게 수행하는 능력, 한 분야에 대한 전문 능력과 조직 전체를 관리하는 능력 등. 이들 양쪽을 갖춘다면 당신의 시장가치는 반드시 올라갈 것이다.

## 비약적인 성장을 바란다면
## 다른 근육을 단련하자

필자는 입사 3년차까지 기합과 근성을 자신의 강점으로 여기고 주어진 업무를 우직하게 밀어붙이며 나름대로 성과를 올렸다.

하지만 점점 '근성 있다'는 주위의 평가가 자신의 한계처럼 느껴졌다. 다른 면에서도 두각을 나타내고 싶었다. 이대로라면 더이상의 발전은 없다고 생각했고 논리력 향상 강좌 등 다양한 분야의 강좌를 수강하며 공부했다. 그 결과 논리적 사고력이 길러졌고 주위의 평가도 크게 달라졌다. 필자에게는 하나의 전환점이었다.

여기서 중요한 점은 필자의 논리적 사고력이 주변 사람들이 보기에는 의외로 느껴졌다는 점이다. 논리적 사고력과 기합이나 근성은 상반되는 능력이었기에 강렬한 인상을 주면서 희소성도 높아진 것이다.

자신이 원래 가진 능력 또는 자신이 노력해서 가지고 있는 지금의 능력과 상반된 능력은 익히기 어렵다. 그렇다고 한 가지 능력만 계속 키운다면 성장에 한계가 있다. 올림픽에 출전하는 선수도 한 종목에서 계속 기록을 경신하기는 극히 어렵다.

만일 비약적인 성장을 바란다면 지금과는 다른 근육을 단련하자.

새로운 근육을 단련하는 동안 자신의 성장이 정체되는 것처럼 느껴져도 말이다.

## 하나의 무기만으로는 시장의 변화 속에서 살아남을 수 없다

앞서 희소성과 더불어 시장의 수요가 있어야 한다고 했다. 시장의 수요는 사회 변화나 환경에 크게 좌우된다. 한때 유행했던 타자 기술을 요구하는 회사는 이제 없다. 컴퓨터 프로그래밍 능력에 대한 시장의 수요도 점점 바뀌고 있다.

결국 한 가지 능력만을 믿고 있다가는 시장의 흐름이 바뀌자마자 위기에 처할 수 있다. 그러나 상반된 능력을 갖추고 있다면 변화에 발맞추어 어느 한쪽 능력을 무기 삼아 살아남을 수 있다. 그런 의미에서 상반된 능력은 리스크 회피에도 효과적이다.

'이제 와서 다른 능력을 기를 시간이 어디 있단 말인가!' 이렇게 생각하고 현상태에 안주한다면 당신의 미래 입지는 점점 좁아질 것이다.

# 13

# 시간을
# 밀도 있게 사용하라

**"** 시간의 밀도는 자신이 어떻게 행동하느냐에 달렸다. 어떤 방법도 좋다. 중요한 것은 주어
진 시간을 수동적으로 받아들이지 말고 스스로 조리 가능한 재료, 관리 가능한 자원으로
인식하고 적극적으로 대처하는 자세다. **"**

## 하루 24시간은
## 사람에 따라 다르다

누구에게나 하루는 평등하게 24시간이다. 이것만큼 공평한 것도 없다. 그 누구도 이 24시간에서 1분이라도 많게 혹은 적게 갖지 못한다.

그러나 시간은 주관적이기도 하다. 시간이 주관적이라고 말할 수 있는 것은 시간의 흐름을 느끼는 방식이 사람에 따라 혹은 상황에 따라 다르기 때문이다.

재미있는 일에 열중하다보면 시간 가는 줄 모른다. 반대로 서투른 일이나 하기 싫은 일을 할 때는 좀처럼 시간이 흐르지 않는다. 누구나 이런 경험이 있을 것이다. 시간은 이처럼 주관적이기도 하다. 따라서 중요한 건 길이보다 밀도이다.

# 성장하고 싶다면 자신의 힘으로
# 밀도 있는 시간을 만들어라

어릴 적을 떠올려보자. 방학 내내 놀다가 개학을 하루이틀 앞두고 숙제하느라 난리법석을 떤다. 다들 비슷한 경험을 했을 것이다. 하지만 개학을 앞둔 그 이틀간의 집중력은 정말 굉장했다. 어린 나이에도 집중력과 시간의 밀도 사이의 상관관계를 어렴풋하게나마 느낄 수 있었다. 학기중에도 매일 그렇게 집중적으로 밀도 있는 시간을 보낸다면 틀림없이 우등생이 될 것이라고 생각했다. 매년 방학이 끝날 무렵이면 지나버린 날을 후회하면서 '농밀한 시간이 계속 이어지면 좋을 텐데……' 하고 바랐던 기억이 생생하다.

세월이 흘러 사회인이 되었지만 어린 시절과 별반 달라지지 않았다. 새해가 되면 올해야말로 담배를 끊겠다, 영어 회화를 시작하겠다, 다이어트에 성공하겠다는 식의 목표를 세운다.

하지만 1월 말쯤 되면 어김없이 담배를 다시 피우고 영어 학원을 빼먹고 폭식을 한다. 어릴 적 방학 때처럼 사회인의 연례행사라고 할 수 있다. 결국 남은 11개월 동안 새해의 다짐을 잊어버리고 다음해 1월이 되면 또다시 다짐을 한다. 1월의 첫 2~3주를 가장 밀도 있게, 나머지는 대부분 엉성하게 보내는 셈이다.

시간의 밀도는 자신이 어떻게 행동하느냐에 달렸다. 개학을 이틀 앞두고 밤새워 방학 숙제를 하듯 시간을 밀도 있게 사용하는 것은 자신의 힘으로 가능하다. 성장하기 위해서는 밀도 있는 시간을 만들려는 발상이 중요하다.

## 시간을 적극적으로 요리하자

필자의 회사에서는 사원들이 자연스럽게 밀도 있는 시간을 연출할 수 있게끔 궁리했다. 3개월을 1년으로 만든 달력을 독자적으로 제작한 것이다. 말하자면 1년에 네 번 1월이 시작되는 셈이다. 그리고 연말연시 휴가처럼 3개월마다 3일 동안 연휴를 설정해서 1년에 네 번, 새로운 마음가짐으로 목표를 설정하도록 하고 있다. 1년에 한 번뿐인 경우보다 횟수가 많은 만큼 밀도 있는 시간을 더 많이 보낼 수 있다.

여러분도 스스로 밀도 있는 시간을 만들도록 고안해보자.

- 매달 말일 밤에는 반드시 다음달 목표를 세운다.
- 매달 초에 월간 목표를 설정하고 그달에 완수한 일을 조사하자.
- 매일 오전에는 자신의 업무에 집중하자.

어떤 방법도 좋다. 중요한 것은 주어진 시간을 수동적으로 받아들이지 말고 조리 가능한 재료, 관리 가능한 자원으로 인식하고 적극적으로 대처하는 자세다.

시간에 쫓기는 사람은 우선 시간의 분기점을 의식해보자. 그리고 그 시기마다 목표를 세우고 달성 수준을 확인하자. 그것만으로도 누구에게나 똑같이 주어진 시간을 좀더 밀도 있게 보낼 수 있다. 그리고 그 시간 내에 할 수 있는 일도 현격하게 늘어난다. 즉 성장 속도가 빨라지는 것이다.

# 14

# 결과를 위해
# 더 많은 씨앗을
# 뿌려라

"" 젊어서 경험이 없는 회사원일수록 원하는 결과를 얻기 위해 어떤 종류의 '원인 만들기'를
해야 하는지 모르는 사람이 많다. 그럴 때 맹목적으로 일해도 소용이 없다. 올바른 '원인
행동'을 취하지 않으면 시간과 에너지만 낭비할 뿐이다. ""

## 애쓰는데도 성과가 나지 않는다면?

노력하는데도 성과가 나질 않는다. 이런 고민을 회사원이라면 누구나 한 번씩 할 것이다. 필자의 회사에서도 이런 논의를 자주 하는데, 그럴 때 직원들의 행동을 자세히 관찰해보면 본인의 인식과는 달리 객관적으로 봤을 때 노력한다고 볼 수 없는 경우도 꽤 있다.

영업 사원을 예로 들어보자. '목표치까지 빨리 팔면 좋겠다'라고 말만 할 뿐, 고객과 미팅을 더 늘린다거나 제안서를 완벽하게 작성하지 않는다. 행동에 나서지 않는 것이다.

인과관계라는 말이 있듯이 모든 결과에는 반드시 원인이 있다. 원하는 결과로 이어지는 행동, 즉 원인의 씨앗을 뿌리지 않으면 결과의 싹이 날 리 없다.

매년 성적을 올리는 야구 선수를 보면 올해는 20승, 안타 이백 개,

도루 이십개 등등으로 자신의 목표를 세운다. 목표를 설정하는 일 자체에 시간을 허비하지는 않는다. 일단 목표를 세웠다면 결과를 얻기 위한 '원인 만들기', 즉 행동에 돌입한다. 매일 규칙적인 식사를 하고 운동을 빼먹지 않으며 연습을 되풀이한다.

결과를 원하는 것도 중요하지만 원인 만들기, 즉 '행동'에 의식을 집중하는 것이 성과를 올리기 위해서 더 중요하다. 당연한 원리지만 실행에 옮기지 못하는 사람들이 의외로 많다.

## 올바른 원인 만들기는 선배에게 배워라

열심히 일하는데도 성과가 나지 않는다면 두 가지 경우를 생각할 수 있다.

하나는 잘못된 노력을 하는 경우다. 젊어서 경험이 없는 회사원일수록 원하는 결과를 얻기 위해 어떤 종류의 원인 만들기를 해야 하는지 모르는 사람이 많다. 그럴 때 맹목적으로 일해도 소용이 없다. 올바른 '원인 행동'을 취하지 않으면 시간과 에너지만 낭비할 뿐이다.

그럴 때는 혼자서 헤매지 말고 상사나 선배에게 물어보라! 직종과 분야에 따라 필요한 원인 만들기가 다르기 때문이다. 무엇이 결과로 이어지는지는 같은 길을 먼저 걸어간 선배들이 잘 알고 있다.

올바른 원인 만들기의 방법을 알았다면 남은 것은 실행 여부다.

원인을 만드는 방법을 깨닫고 실행에 옮기는지 마는지에 따라 훗날 얻는 과실의 크기가 달라진다.


## 원인 만들기에 투자하는 시간을 시각화해보자

또하나는 '한다고 생각하지만 실제로는 하지 않는' 경우다.

원인 만들기에 시간을 투자하는 방법을 확인해보자. 계획표를 다시 살펴보고 결과로 이어지는 원인 만들기 행동과 그렇지 않은 행동을 색깔별로 구분하는 것도 효과적이다.

영업 사원이라면 제안서 작성 시간, 경쟁 상대를 조사하는 시간, 고객에게 연락하고 방문하는 시간 등이 원인 만들기에 투자하는 시간이다. 이렇게 정리해보면 한 달 동안 어느 정도의 시간을 원인 만들기에 투자하는지 명백해진다. 대부분은 관계없는 일에 상당히 많은 시간을 보내고 있다. 시각화를 해보면 자신이 반성해야 할 점도 분명해진다.

# 15

# 압도적인
# 양으로
# 질적 전환을
# 이룩하라

**"** '이 일을 계속해봐야 무슨 소용이 있을까?' 이렇게 생각해도 그때 그 자리에서 답이 나오는 것은 아니다. 나중에 돌아볼 때야 '그때 그 일이 지금의 나에게 도움이 되었다'고 생각하게 되는 법이다. 압도적인 양을 반복적으로 완수해야 비로소 질 높은 업무를 수행할 능력을 갖추게 된다. **"**

## 압도적인 양이 피가 되고 살이 되고 감각으로 변화한다

약 10년 전부터 젊은 세대를 중심으로 자신의 시장가치를 생각하는 사람이 많아졌다. 그와 함께 '지금 하는 일은 단순 업무의 반복이라 자신의 가치를 높이기 힘들다'는 불만도 자주 듣는다. 하지만 그 단순 업무의 반복이 시장가치를 높이는 유효한 수단이 될 수 있다.

필자는 면접만으로 상대방이 어떤 타입인지 대개 알 수 있다.

- 이 학생은 무역상사와 우리 회사를 놓고 고민하다가 결국 무역상사를 택할 것이다.
- 이 학생은 부모의 반대 때문에 우리 회사를 포기할 것 같다.
- 이 학생은 의욕은 있지만 제대로 실행은 못 할 것 같다.

점쟁이도 아닌 필자가 이런 짐작을 할 수 있는 이유는 인사부에서 7년이 넘게 매일같이 면접을 봤기 때문이다. 그동안 면접한 취업 준비생만 해도 만 명은 족히 넘을 것이다.

정말이지 반복적인 업무였지만 일정한 시기에 압도적인 양을 집중적으로 완수하자 이 경험이 필자에게는 정말 피가 되고 살이 되었다. 덕분에 지금은 단시간 내에 사람을 파악할 수 있게 되었다.

압도적인 양을 반복적으로 완수해야 비로소 질 높은 업무를 수행할 능력을 갖추게 된다. 즉 자신의 시장가치가 높아지는 것이다.

## 맹목적인 경험이 위기에 대처하는 기초가 된다

어린 시절 누구나 구구단을 암기하고 ABC 노래를 부르며 알파벳을 외웠을 것이다. 그때 '왜 이런 걸 외워야 할까' 하는 의문을 느꼈는가? 대부분 이유는 생각지도 않고 그저 머릿속에 집어넣기 바빴을 것이다.

주입식 교육이 나쁘다는 의견도 있지만 그래도 그렇게 맹목적으로 외운 덕분에 복잡한 계산도 할 수 있고 짧더라도 영어 한마디쯤 하게 된 것이 아닐까?

일도 마찬가지다. 도대체 어떻게 아이디어가 샘솟는지 신기한 사람이 있지만, 사실 그는 비슷한 기획을 열 번, 백 번, 그이상 수없이 되풀이했을 것이다. 그것이 기초가 되어 비로소 좋은 아이디어를 낼 수 있는 것이다. 단순 업무가 지겹다고 수준 높은 업무에 곧바로 도전한들 기초체력이 없다면 자신의 무능력에 괴로울 뿐이다.

'이 일을 계속해봐야 무슨 소용이 있을까?' 이렇게 생각해도 그때 그 자리에서 답이 나오는 것은 아니다. 나중에 돌아볼 때서야 '그때 그 일이 지금의 나에게 도움이 되었다'고 생각하게 되는 법이다.

## 착실한 노력만이 재능을 만든다

필자는 지금도 꾸준히 노력하는 일이 있다. 1년에 수차례 강연을 하는데 그때마다 청중들에게 설문 조사를 한다. 그렇게 해야 어떤 주제가 사람들의 마음에 와 닿았는지, 어떤 이야기가 공감을 받지 못했는지 자세히 알 수 있다. 그 결과를 분석해서 다음 강연에 참고한다.

필자의 강연에는 폭넓은 연령층이 참가한다. 때때로 사회 초년생들이 "선생님, 말솜씨가 정말 대단하세요"라고 감상을 말해오면 솔직히 위화감이 든다. 필자의 강연에서 내용이 아닌 화술이라는 겉모습만 보고 있구나 싶기 때문이다. 필자의 화술이 뛰어나다고 해서 청중이 강연에 집중하는 것은 아니다. 매번 부족한 점을 반성하고 청중의 요구를 조사해서 더욱 공감할 수 있는 강연을 준비한다. 아마 그 젊은이는 강연을 위한 이런 준비는 상상하지 못했을 것이다.

한 분야에서 뛰어난 사람은 다들 꾸준히 노력한다. 재능이나 자질만으로는 성공할 수 없다.

필자에게 감상을 말한 그 젊은이도 막연히 '말을 참 잘한다'고 생각하는 데서 그치고 '어떻게 하면 그런 이야기를 할 수 있을까?'라는 관점에서 상대방의 숨은 노력과 성실성을 짐작하고 배우려는 자세를 갖추지 않는다면 성장이라는 과실은 얻기 어렵다.

# 16

# 안하무인 4년차의
# 모습을 버려라

" 현재에 만족하고 안주할 것인가, 스스로 성장 과제를 찾아 도전할 것인가. 4년차는 이 분
기점에 서 있다. 만일 안하무인이 될 생각이 없다면 겸허함을 잊지 않아야 한다. '벌써 다
알고 있다'가 아니라 '아직도 잘 모른다'는 마음을 항상 지니도록 하자. "

## 이제 이 회사에서는
## 더이상 성장할 수 없다?

지금까지 몇천 명이나 되는 직장인과 만나보고서 성장이 멈추는 순간에는 일정한 경향이 있다는 결론을 내렸다. 필자는 그것을 '안 하무인 4년차'라고 부른다.

입사 후 3년 동안은 사회인으로서 기본을 갖추고 업무를 익히기 위해 전념하는 기간이다. 회사에 들어온 직후에는 아장아장 걸음마를 시작해 상사의 지시를 하늘처럼 받든다. 그렇게 3년이 지나면 한 분야에서는 제 몫을 한다고 평가받는 수준에 이른다.

부서 내에서 자신의 위치를 확보하고 존재감도 늘려간다. 사소한 지시가 없어도 혼자서 업무를 진행할 수 있게 된다. 가만 내버려두어도 대개의 일을 처리하므로 3, 4년차 직원은 관리자도 별달리 간

섭하지 않는다. 때문에 조금씩 자신의 능력을 과신하며 기고만장하기 시작한다. 입사 4년차뿐 아니라 팀장이 된 후 4년차도 조금 위험하다. 다른 회사로 이직하거나 새로운 부서로 발령받은 경우의 4년차도 마찬가지다. 이른바 안하무인 4년차다.

필자가 보기에 4년차 회사원이 할 수 있는 업무는 작은 팀을 담당하는 정도밖에 안 된다. 그럼에도 불구하고 안하무인 4년차들은 이렇게 말한다.

- 이제 이 회사에서는 성장할 여지가 없다.
- 상사나 선배 들은 요령이 나빠서 더이상 배울 게 없다.

게다가 한술 더 뜨기도 한다.

- 이 회사의 나쁜 점은 ○○이다.
- 사장의 이런 사고방식은 이미 낡은 것이다.

이처럼 경제비평가라도 된 듯한 소리까지 한다.

안하무인 4년차의 가장 큰 문제는 이미 자신이 최고 실력을 가졌다고 느끼기 때문에 더이상 성장하려는 의지를 잃는다는 것이다. 새로운 과제에 도전하거나 참여하려는 생각도 없고 신입 사원과 같은 흡수력으로 업무에 임하지도 않는다.

좁은 범위지만 자신의 해당 분야는 대충 알고 있으니까 마음도

편하다. 그러므로 개선하라는 요구를 들어도 그것을 할 수 없는 이유를 늘어놓는 데 선수가 된다. 점차 유연성도 잃어 타인이나 회사의 비판에도 능숙해진다.


## '다 안다'가 아니라 '아직도 잘 모른다'

현재에 만족하고 안주할 것인가, 스스로 성장 과제를 찾아 도전할 것인가. 4년차는 이 분기점에 서 있다.

만일 안하무인이 될 생각이 없다면 겸허함을 잊지 않아야 한다. '벌써 다 알고 있다'가 아니라 '아직도 잘 모른다'는 마음을 항상 지니도록 하자.

'우리 상사는 요령이 부족하다'라고 생각할 수도 있다. 하지만 당신이 그런 생각을 하는 것은 관리직이라는 한 단계 높은 관점에 선 경험이 없기 때문이다. 관리직에서는 개인의 영역을 넘어 다양한 이해관계를 조정해서 최선책을 구해야 한다. 하루라도 상사의 입장을 체험해본다면 그런 말은 할 수 없을 것이다. 자신이 속한 단계에서는 보이지 않는 일이 너무나 많다. 자신이 잘 모르는 일 속에서 일한다는 전제를 잃지 말자. 조금이라도 '알았다'는 기분이 들 때면 안하무인이 되려는 자신을 경계하고 스스로의 과제를 다시 살펴보자. 겸허해질수록 자신의 시장가치는 높아진다.

# 17

# 노력으로
# 운을 만들어라

“ 성공한 대부분의 사람들은 그저 운이 좋았던 것이 아니라 엄청나게 노력을 했다. 본인이
노력하면 반드시 주위에서 '저렇게 애쓰는데' 도와주는 사람이 나타난다. 그들은 지혜,
노하우, 경우에 따라서는 자금까지 제공해준다. 그리고 그것이 결과적으로 성공을 불러
온다. ”

## 노력은 운도
## 지배한다

또하나 성장을 멈추는 사고방식을 살펴보자. 그것은 모든 결과를 운으로 돌리는 사고방식이다.

누구나 한두 번 점을 본 적이 있을 것이고, '오늘은 운이 나쁘다' '오늘은 재수가 좋다'고 생각한 적도 있을 것이다. 물론 이 정도는 문제가 되지 않는다.

하지만 만일 모든 행동과 결과를 운에만 의존한다면 어떨까? '오늘은 운이 나빠서 일이 잘 안 풀렸다' '오늘은 대인운이 나쁘니까 고객과 만나지 말자'는 식으로 사고와 행동양식이 굳어진다면 문제가 심각하다. 이런 사람은 스스로 문제를 해결하고 성과를 내려는 기본자세도 갖추지 못한 사람이다. 다소 극단적인 예를 든 것이라

"세상에 그런 사람이 어딨어?" 하고 반박할 수도 있다. 그렇다면 다음 예는 어떨까?

30대를 넘기면 중학교나 고등학교 동창회 모임이 잦아진다. 나이가 들수록 성공한 사람과 그렇지 못한 사람의 격차는 명확해진다.

- 누구는 대기업 부장으로 출세가도를 달린다고 한다.
- 누구는 이직에 성공해서 연봉이 엄청나게 올랐다고 한다.
- 누구는 창업해서 성공했다고 한다.

동창회에 나가면 여기저기서 이런 소문이 들린다. 그때마다 많은 사람들이 "그 녀석은 정말 운이 좋아"라고 말한다. 꼭 동창회가 아니더라도 남보다 먼저 성공해서 잘나가는 친구를 볼 때마다 '저 녀석은 운이 좋단 말이야'라고 생각한 적은 없는가? 하지만 타인의 성공을 행운 때문이라고 보는 사람은 성장하지 못한다. 왜 그럴까?

타인이 보기에 성공한 사람에게 도움을 주는 존재는 행운처럼 비친다. '운이 좋다'고 지레 평가하는 것은 그 성공의 배후에 있는 노력을 인정하지 않고, 또 그런 노력을 배울 의지가 없다는 뜻이다. 그런 사람은 '노력은 운도 지배한다'는 법칙을 알려고 하지 않는 셈이다.

성공한 대부분의 사람들은 그저 운이 좋았던 것이 아니라 엄청나게 노력을 했다. 본인이 노력하면 반드시 주위에서 '저렇게 애쓰는데' 하고 도와준다. 그들은 지혜, 노하우, 경우에 따라서는 자금까지 제공해준다. 그리고 그것이 결과적으로 성공을 불러온다.

성공한 사람을 볼 때 운이 좋아서라고 생각하지 말고, 성공할 때까지 그들이 어떤 각오로 노력했는지, 어떤 사람들에게 어느 정도의 지원을 얻었는지를 살펴보자. 그렇지 않으면 당신에게 성공은 찾아오지 않는다. 누구든 노력하면 운을 지배할 수 있고 노력 끝에 행운이 찾아온다는 사실을 명심하자.

'노력하는데도 운이 따르지 않는다'라는 사람도 있다. 그런 사람은 어쩌면 노력하는 방법이 잘못되었을지도 모른다. '**전략 14. 결과를 위해 더 많은 씨앗을 뿌려라**'를 다시 한 번 읽어보자. 원하는 결과를 얻기 위해 올바른 원인 만들기에 도전하자.

# 18

# 뇌의 주름보다
# 마음의 주름을
# 늘려라

**"** 가치관이 다양해지면서 더이상 소비자들은 남들과 같은 물건이나 서비스를 원하지 않는다. 이런 시대적 분위기 속에서는 사람들의 기분이나 감성을 민감하게 느끼는 공감력과 감수성 즉 마음의 주름이 필수다. **"**

## 체험을 통해
## 마음의 주름이 늘어난다

자신의 시장가치를 높이기 위해 책을 읽거나 다양한 강좌를 적극
적으로 수강하는 노력은 훌륭하다. 단, 이를 통해 얻는 것은 소위
'뇌의 주름'이다. 머리를 쓰면 쓸수록 뇌에 주름이 늘어난다는 것은
잘 알려진 이야기다. 사고력, 분석력, 논리력도 모두 뇌의 주름에 속
한다. 소위 머리가 좋은 사람은 뇌에 주름이 많은 사람이다.

뇌에 주름이 많다는 것은 좋은 일이다. 문제는 뇌의 주름만 늘려
서는 시장가치를 높일 수 없다는 점이다. 그렇다면 어떻게 해야 할
까?

뇌의 주름을 늘리면서 동시에 '마음의 주름'도 늘려야 한다.

마음의 주름이란 무엇일까? 타인의 상황을 마치 내 일처럼 공감

하는 능력, 자신이 속한 조직의 분위기를 파악하는 능력이다. 즉 남의 기분이나 상황을 파악하는 능력이 마음의 주름이다.

마음의 주름은 책을 읽거나 공부하는 것으로 기를 수 없다. 실제로 다양한 체험을 해야만 증가시킬 수 있다. 실연이나 좌절, 병치레, 부모나 자신의 이혼, 가까운 사람의 사망, 배신 등. 살다보면 누구나 여러 가지 경험을 하지만 그 양과 질은 사람에 따라 다르다. 경험한 만큼 또 그 경험의 깊이만큼 마음의 주름은 늘어난다.

새로운 사람과 관계 맺기를 두려워하지 말고 진심으로 대하자. 미지의 세계에 도전하며 살아가자. 그렇게 하면 체험은 필연적으로 늘어난다. 반대로 책을 통한 지식에만 몰두하고 사람과의 관계를 피한다면 체험은 당연히 줄어든다.

## 타인의 기분을 파악하는 능력이 중요하다

왜 마음의 주름을 늘려야 할까? 현대 사회를 살펴보면 이유를 알 수 있다.

고도성장기에는 모든 회사가 제공하는 상품과 서비스에 별반 차이가 없었고 업무 방식도 비슷했다. '이렇게 하면 성공한다'는 식으로 답도 정해져 있었다. 물건을 만들기만 하면 팔렸으므로 기업들은 서로 경쟁할 필요 없이 늘 같은 상품을 만들고 서비스를 제공하면 충분했다. 시장의 수요에 민감할 필요도 없었다.

하지만 지금은 상황이 다르다. 저성장기가 이어지면서 이제 무엇을 하면 성공할지 아무도 장담하지 못한다. 가치관이 다양해지면서 더이상 소비자들은 남들과 같은 물건이나 서비스를 원하지 않는다. 소비 환경의 변화에 따른 해답은 기업 스스로 만들어나가야 한다.

이런 시대적 분위기에서는 사람들의 기분이나 감성을 민감하게 느끼는 공감력과 감수성 즉 마음의 주름이 필수다. 아무리 연애소설을 많이 읽어도 연애의 달인은 될 수 없다. 달인이 되고 싶다면 실제로 경험해야 한다. 비즈니스 현장에서 살아남는 노하우도 경험을 통해서만 길러진다.


## 뇌의 주름만으로는
## 사람을 움직일 수 없다


대부분의 회사원은 언젠가 관리직에 오른다. 그때야말로 마음의 주름이 필요하다. '뇌의 주름 = 지식'만으로 사람을 움직일 수 없다. 논리적으로 주장해봐야 팀원들은 '현장을 모르는 소리'라며 무시하기 마련이다.

기술력이 뛰어난 인재들이 입사 후 2~3년차에 독립해서 벤처기업을 세우는 경우가 많다. 그런 회사 가운데 기술력은 뛰어나지만 조직 관리의 경험이 없어 그 때문에 문을 닫는 경우도 많이 보았다. 경영자가 마음의 주름이 부족해서 조직을 제대로 관리하지 못한 것이다. 관리당하는 입장인 직원들의 마음을 제대로 파악하지 못하면 조직을 제대로 운영할 수 없다.

사주가 기업을 2세에게 물려주려고 할 때도 노련한 경영자라면 자녀를 곧장 관리직으로 발령 내지 않는다. 우선은 평사원으로 던져넣고 현장에서 경험을 쌓게 해 마음의 주름을 새기게 할 것이다.

지금 '체험의 양이 적다'고 당신 스스로 인정한다면 앞으로는 마음의 주름을 늘리도록 노력하자. 새로운 일에 도전하고 많은 사람들을 만나 적극적으로 관계를 맺자. 성장하기 위해 스스로의 안전지대를 조금씩 부수면서 앞으로 나아가자.

전략
Strategy

# 19

# 행동과 수정을
# 신속하게 하라

❝ 비즈니스 현장에서는 실행에 대한 방법을 고민하는 것도 중요하지만 실행하지 못한다면
의미가 없다. 우선은 첫걸음을 내딛고 자신의 힘으로 부딪혀 경험을 쌓아가자. 시행착오
를 거쳐 수정하면서 정답에 가까이 갈 수 있는 것이다. ❞

## 삼각형의 두 변의 합은
## 남은 한 변보다 짧다?

삼각형의 두 변을 더하면 그 길이가 남은 한 변의 길이보다 짧다. 이 말을 듣고 틀렸다고 생각한다면 옳다. 삼각형의 두 변을 더하면 남은 한 변보다 확실히 길기 때문이다. 하지만 도형에 대한 것이 아니라 업무 추진 방식에 대한 것이라면 이야기가 달라질 수 있다. 여러분의 시장가치를 높이는 방법으로 꼭 소개하고 싶다.

경영과 업무 추진에서 의사결정과 속도는 매우 중요하다. 최선책을 찾아 최단거리로 진행하는 것이 이상적이다. 따라서 삼각형의 한 꼭지점에서 출발한다면 목적지인 다른 꼭지점과 연결되는 한 변을 따라 곧장 전진하는 것이 최선이다.

하지만 이는 어디까지 이상일 뿐이다. 실제로는 최선책을 그렇게 간단히 찾을 수도 없고 최단거리도 마찬가지다. 그렇다고 도중에 멈춰서 최선의 방침을 찾느라 시간을 허비할 수는 없다. 그럴 경우 신속한 의사결정은 불가능하다.

그렇다면 목적을 달성하는 최선의 방식이 무엇인지 살펴보자.

세세한 부분의 방침을 정할 때까지 실행하지 않으면서 시간을 낭비하지 말고 대강의 방향을 정해서 우선 움직이기 시작한다. 그리고 잘못되었다는 판단이 들면 조금씩 방향을 수정한다. 이러한 과정은 아래 그림에서 볼 수 있듯이 삼각형을 따라 목표에 도달하는 것과 같다.

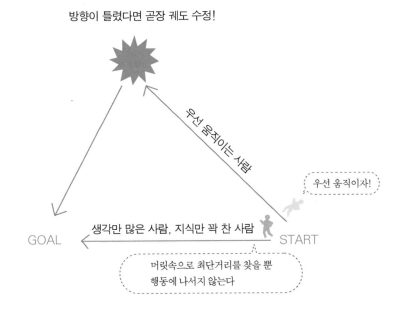

방향이 틀렸다면 곧장 궤도 수정!

우선 움직이는 사람

우선 움직이자!

생각만 많은 사람, 지식만 꽉 찬 사람

GOAL

START

머릿속으로 최단거리를 찾을 뿐 행동에 나서지 않는다

그러면 최선책을 찾느라 그 자리에서 멈추어 있는 것보다 결과적으로는 더 빨리 목표 지점에 도달한다. '삼각형의 두 변의 합은 한 변보다 짧다'는 이야기는 바로 이런 의미이다.

## 행동한 만큼 경험에 의해 수정이 쉬워진다

학창 시절 우등생이었던 사람일수록 '어떻게 하면 가장 빨리 잘할 수 있을까'라고 방법을 찾으며 고민하느라 좀처럼 행동에 나서지 않는 경우가 많다.

영업을 예로 들어보자. A는 전화로 신규 고객과 약속을 잡으려고 한다. 그래서 우선 정보를 모아 어떤 회사에 전화할지 정리하기 시작한다. 그리고 어떤 이야기부터 할지 대본을 작성하다보니 어느새 퇴근 시간이다. 우리 주위에 A 같은 사람이 의외로 많다. 그런 사람을 보고 있으면 도대체 전화는 언제 할 건지 다그치고 싶어진다. 정답 찾기에 골몰하느라 정작 아무런 행동도 취하지 못한다. 상사의 입장에서는 가장 골치 아픈 직원이다.

실제 비즈니스 현장에서는 실행에 대한 방법을 고민하는 것도 중요하지만 실행하지 못한다면 의미가 없다. 생각하는 사람보다 실행하는 사람이 당연히 더 가치가 있다.

우선은 첫걸음을 내딛고 자신의 힘으로 부딪혀 경험을 쌓아가자.

필자가 앞의 영업 사원이라면 우선 몇몇 고객에게 전화를 해보겠다. 그리고 '이런 식으로는 효과가 없다'고 생각되면 다음번에는 방식을 수정해서 도전해보겠다. 시행착오를 거쳐 정답에 가까이 갈 수 있는 것이다.

정답이 무엇인지 머릿속으로 이리저리 재볼 시간이 있다면 우선은 움직여라. 그 편이 훨씬 빨리 목표에 도달할 수 있다.

마찬가지로 멈출 여유가 있다면 우선은 움직이자. 머릿속으로만 생각하는 사람은 행동의 양이 적으므로 그만큼 경험의 양도 줄어든다. 당연히 그 과정에서 배울 점도 적어진다. 결과적으로 성장 속도가 느려지는 것이다.

# 20

# 인풋보다 아웃풋에
# 초점을 맞춰라

> " 항상 눈앞의 아웃풋이라는 목적을 위해 인풋을 한다면 기억에도 오래 남고 문서나 메모 등을 통해 업무 실적이 될 자료를 남길 수 있다. 그 결과 새로 받아들인 지식이 진정한 자기의 것이 될 확률이 비약적으로 높아진다. "

## 목적 없는 인풋은
## 아무것도 남기지 않는다

머릿속으로 생각만 하는 사람에게 다시 한번 주의를 당부한다. 그들은 인풋을 좋아하는 사람들이다. 책을 통해서, 강연을 통해서 받아들이는 것만 좋아한다. 물론 인풋이 나쁘다는 것은 아니다. 하지만 목적 없이 인풋만 되풀이해봐야 별로 도움이 되지 않는다.

3년, 5년 일하다보면 적극적인 사람일수록 '더 많은 기술이 필요하고 이를 위해서는 공부해야 한다'고 의욕을 불태운다. 동종 업계의 다른 기업이나 타업종 사람들과의 교류를 통해 자극을 받고 분발하려는 사람도 많다. 그렇게 새로운 의욕에 가득찰 때 사람들은 보통 무엇을 하려고 할까? 십중팔구는 "책을 많이 읽겠다"고 한다. 다들 인풋부터 시작하려는 것이다.

그런 이야기를 들으면 필자는 나도 모르게 '잠깐만!' 하고 말리고 싶어진다. 구체적인 목표가 없다면 책을 50권 읽는다고 해도 시간을 투자한 의미가 없기 때문이다. 직업상 수많은 회사원들을 만나지만 한 달 전에 읽은 책에 대해 물으면 제대로 설명할 수 있는 사람이 드물다. 인간의 기억력이란 그 정도다.

책을 한 권 읽는 데 3시간에서 4시간 정도가 걸린다고 하자. 직장인에게는 적지 않은 시간이다. 그럼에도 정작 본인을 위한 양식이 되지 않는다면 투자 대비 효과가 낮은 인풋이라고 할 수 있다.

필자의 강연회에서도 비슷한 경험을 했다. 강연이 끝난 뒤 어느 신사와 명함을 교환했는데, 그는 "선생님 강연은 이번이 두번째입니다. 시작하고 나서 한 시간 만에 그 사실을 깨달았지요. 다시 들어도 여전히 재미있군요" 하고 눈을 반짝이며 말했다. 두 번이나 강연을 들어준 것은 감사하지만 사람의 기억력이 얼마나 보잘것없는지 실감했다.

사무상의 착오로 같은 연수를 두 번 받은 사원이 있었다. 그는 저녁이 다 되어서야 같은 연수를 다시 받고 있다는 사실을 겨우 깨달았다고 한다.

이런 예에서 알 수 있듯이 결국 아무리 인풋만 해봐야 아무것도 남지 않는다. 인풋의 효율을 높이려면 어떻게 해야 할까?

## 자신의
## 기억과 기록을 남기자

그 방법 중 하나는 아웃풋을 전제로 인풋을 하는 것이다. 아웃풋
이라고 해도 출판처럼 크게 생각할 필요는 없다.

- 책을 읽거나 강연회에 참가하면 내용을 문서로 정리하자.
- 조회에서 1분간 발표하자.
- 실무에서 프레임 워크로 활용하자.
- 블로그나 트위터 등에 소개하자.

이렇게 항상 눈앞의 아웃풋이라는 목적을 위해 인풋을 한다면 기
억에도 오래 남고 문서나 메모 등을 통해 업무 실적이 될 자료를 남
길 수 있다. 그 결과 새로 받아들인 지식이 진정한 자기의 것이 될
확률이 비약적으로 높아진다.

참고로 책을 읽을 때 목적을 갖기만 해도 기억에 남기는 방법이
크게 달라진다. 읽는 방법에도 요령이 있다. 기술 습득을 위해서든
고전적인 교양을 갖추기 위해서든 어떤 목적이든 좋다. 그렇게 얻
은 지식으로 자신의 머릿속에서 그 분야의 나무를 체계적으로 성장
시킨다고 상상하자.

해당 분야의 지식이 전혀 없다면 줄기가 되는 기초 서적부터 읽
는다. 그후 가지와 잎에 해당하는 책을 읽고 지식을 체계화하면 된

다. 실제 책을 읽을 때도 가지와 잎을 늘리기 위해 읽는다고 의식하자. 혹은 무엇을 배우기 위해 읽는지를 써둔다. 그렇게 하면 책 내용에 파묻히지 않고 효율적으로 지식을 습득할 수 있다.

# 회사와
# 잘 지내자!

# 21

# 회사의 지배자는
# 경제원리라는
# 것을 받아들여라

> 회사의 목적은 어디까지나 이윤 추구이며 그렇게 얻은 이익을 사회에 환원하는 것이다.
> 그러므로 회사의 다양한 의사결정은 경제적 합리성에 맞는지 아닌지에 따라 결정된다.
> 직장인으로 살아가려면 경제적 합리성이 지배하는 조직의 감각에 우선 익숙해져야 한다. **"**

## 회사를 인정(人情)이라는 기준으로
## 판단하지 마라

이 책을 읽는 여러분은 대부분 회사에 소속돼 있을 것이다.

여러분은 회사가 어떤 존재인지 생각해본 적이 있는가? 회사는 특정한 목적을 가진 특정한 사람들이 모인 집단으로, 학교나 동아리, 가족과 마찬가지로 하나의 조직이지만 이들과는 전혀 다른 성격을 지닌다.

자신이 일하는 회사를 이해하는 것은 직장인으로 생활하기 위해 무엇보다 필요하다.

먼저 회사의 기초를 이루는 원리원칙에 대해 살펴보자.

회사를 하나의 인격으로 보면 필자의 회사도 법인격이라는 인격을 가지고 계약의 주체가 되고 사람을 고용한다. 회사도 사람처럼 성격이 있다. 사업 영역, 조직 풍토 등이 회사의 성격이다. 회사에 따라 성격은 다양하지만 근본적으로 같은 성질을 공유한다. 그것은 '경제원리에 따라 움직인다'는 것으로 구체적인 모습은 다음과 같다.

- 기본적으로 수익이 나지 않는 일을 하지 않는다.
- 경제적 합리성이 무엇보다 중요하다.

이렇게 보면 회사는 정말 몰인정한 존재 같다. 하지만 이 원리원칙은 회사의 존재 의의이기도 하다.

## 회사의 이익 추구는 당연하다

회사의 목적은 사회공헌이라는 말도 틀리지 않다. 하지만 이때의 사회공헌은 일반적으로 생각하는 기부나 장학재단의 설립, 지역 발전에의 기여 등이 아니다.

회사의 일차적이고 가장 본질적인 사회공헌은 본업인 사업을 통해 이익을 내고 세금을 납부하는 일, 바로 그것이다. 바꿔 말해 회사의 목적은 어디까지나 이윤 추구이며 그렇게 얻은 이익을 사회에 환원하는 것이다. 많은 회사의 경영자들이 그렇게 생각하며 필자도 이에 동의한다.

그러므로 회사의 다양한 의사결정은 경제적 합리성에 맞는지 아닌지에 따라 결정된다. 이 원리원칙에 빨리 익숙해지지 않으면 혼란에 빠지기 쉽다.

사회인이 되기 전까지 우리는 친구와 우정, 가족과 애정 같은 경제적 합리성과는 다른 의사결정 시스템 속에서 살아왔다. 부모는 아무런 보답도 기대도 하지 않고 자식에게 애정을 쏟으며 독립할 수 있을 때까지 보살펴준다. 마찬가지로 재미있다는 이유만으로 셀 수 없이 많은 시간을 친구와 함께 보낸 사람도 있다.

하지만 회사에 들어온 후에도 아무 보답도 기대도 하지 않고 그저 하고 싶어서 한다는 감각을 유지한다면 회사 생활에 거부감을 느낄 수 있다. 회사와 좋은 관계를 맺고 그곳에서 발언권을 얻으려면 학창 시절의 감각을 잘라내야 한다.

회사는 사회에 공헌해야 한다는 주장도 옳다. 하지만 사회공헌 행위가 회사의 이익과 연결되지 않는다면 그 의견은 결코 받아들여지지 않는다.

## 사회공헌도 실리라는 목적 아래 있다

입사 후 3년 안에 회사를 그만두는 사람이 적지 않다. 여러 이유가 있지만 경제원리가 지배하는 회사라는 조직에 적응하지 못해서인 경우가 많다. 하지만 회사의 기본 전제인 영리 추구는 결코 나쁜 일이 아니다.

"일개 기업의 이익보다도 환경 문제 같은 우선해야 할 일이 있지 않은가"라고 반론을 제기할 수도 있다. 하지만 회사의 존재 의의는 수익을 올려 세금을 납부하고 사회에 환원하는 것이다. 실제로 기업이 납부한 세금이 돌고 돌아 환경 문제를 해결하기 위한 자금으로 투자되고 있고 이것이 우리 사회의 구조이다.

'CSR<sup>Corporate Social Responsibility</sup>'이라는 단어가 유행했던 적이 있었다. 기업의 사회적 책임을 뜻하는 CSR이라는 이름하에 기업 내에서 저개발국가나 지원이 필요한 사람들에게 도움을 주거나 조직 안에서 다양성을 추진하는 등의 시도가 많이 이루어졌다. 그러나 경기가 악화되면 이와 관련된 활동은 대부분 급격히 위축되고 만다. 경제적으로 여유가 있을 때는 사회공헌에도 적극적이지만 여유가 없으면 금방 사라진다. 물론 하지 않는 것보다는 낫지만 장기적으로 지속하지 못한다.

결국 기업은 경제적 합리성에 따라 움직이기 때문에 실리가 없는 사회공헌은 지속되기 어렵다. 직장인으로 살아가려면 경제적 합리성이 지배하는 조직의 감각에 우선 익숙해져야 한다.

# 22

# 사회인으로서의
# 윤리감각을 가져라

**"** 경제적 합리성만 추구하는 회사에 있으면 사회의 상식적 감각이 마비될 수 있다. 회사에
속해 있어도 한 명의 사회인으로서 일반 사회의 상식에 대한 감각을 지녀야 한다. 그렇
지 않으면 자신도 모르게 나쁜 짓에 손을 더럽힐 수 있다. **"**

## 경제적 합리성의 함정에
## 빠지지 마라

앞에서 회사는 경제적 합리성에 의해 움직인다고 말했다. 하지만 우리 사회에는 경제적 합리성이 아닌 우정이나 애정, 아름다움을 사랑하는 예술적 심성, 배려, 존경 등과 같은 다른 가치를 우선시하는 존재도 많다.

그런 사회상과 비교해보면 경제적 합리성 일변도의 회사 가치관은 어떤 의미에서는 한쪽으로 기울었다고 할 수 있다. 회사는 '경제적 합리성 이외의 판단 기준을 모두 잘라버린다'는 단언을 전제로 하기 때문이다.

하지만 경제적 합리성에 의한 의사결정 시스템만이 기능할 경우, 문제가 발생할 수 있다.

업체의 제조 현장을 떠올려보자. 지금은 불황이고 가격 경쟁이

심해 조금이라도 원가를 낮추고 가격 경쟁에서 비교 우위를 점하려는 압력이 작용한다. 그 결과 '유통 기한이 얼마 남지 않았지만 그냥 팔아도 되지 않을까?'라는 식으로 법을 위반하기도 한다.

즉 수익이라는 경제적 합리성으로만 의사결정을 하다보면 세상의 상식에서 멀어지고 법을 위반할 위험에 빠지게 된다. 나중에는 나쁜 일이라는 자각도 못하게 된다.

## 흑과 백을 섞으면 흑이 된다

여기 흰색 물감과 검은색 물감이 있다. 처음 흰 물감을 물에 녹이면 새하얀 상태다. 그리고 검은색 물감을 한 방울 떨어뜨려도 아직은 하얗게 보인다. 한 방울, 한 방울 더해가면 조금씩 회색빛이 진해지지만 사람들은 의외로 잘 깨닫지 못한다. 그렇게 검은색 물감을 점점 더하다보면 나중에는 새카매진다. 그래도 여전히 그림물감을 섞는 사람은 흰 물감이 검은색으로 변한 사실을 눈치채지 못한다. 사람은 한꺼번에 변하지 않고 조금씩 변하면 눈치채지 못한다.

이 이야기를 회사에 적용해보자. 처음에는 '이 정도는 법을 어겨도 괜찮다'고 생각하며 시작한다. 하지만 '이 정도는 아직 괜찮다'며 조금씩 법을 어기는 범위가 늘어나고 그것이 쌓이고 쌓여 어느 날 세상을 떠들썩하게 만드는 사건이 된다. 우리는 그런 뉴스를 몇 번이나 보아왔다.

경제적 합리성만 추구하는 회사에 있으면 사회의 상식적 감각이 마비될 수 있다. 회사에 속해 있어도 한 명의 사회인으로서 일반 사회의 상식에 대한 감각을 지녀야 한다. 그러지 않으면 자신도 모르게 나쁜 짓에 손을 더럽힐 수 있다.

## 회사인인 동시에 사회인으로서 자신을 유지하자

하지만 앞에서는 회사의 경영원칙에 익숙해지라고 하지 않았느냐고 반문할 수 있다. 맞는 말이다. 경제적 합리성에 의한 회사의 의사결정을 이해하고 또 그에 따라 행동하는 한편 사회인, 생활인으로서의 감각도 소중히 해야 한다.

회사의 월급을 받는 직장인으로서 '회사의 이익을 위해 공헌한다'는 마음가짐도 중요하다. 하지만 사회인, 생활인으로서 '이 수준은 위험하다' '내가 소비자라면 사지 않을 것이다'와 같은 관점도 잃지 않아야 한다. 그런 관점을 유지할 수 있을 때 주변 사람들이 '흰색'이라고 믿어 의심치 않아도 올바르게 '검은색'이라고 판단할 수 있을 것이다.

# 23

# 사람보다는
# 사람 사이에
# 주목하라

**❝** 회사는 많은 사람들이 모여 있는 곳이고 그들이 구성하는 부서 간의 관계 속에서 업무가
이루어진다. 그렇게 생각하면 문제는 특정 개인, 부문, 부서와 같은 '점'에 있는 것이 아
니라 관계성, 즉 사람과 사람의 '사이'에 있다고 보아야 신속하게 문제를 해결할 수 있다. **❞**

## 문제는 사람이 아니라
## 사람 간에 일어난다

　가족 간이든 친구 간이든 사람이 모이는 곳에는 늘상 문제가 생기기 마련이다. 회사도 예외가 아니다. 실수나 문제는 조직 운영에서 피할 수 없다. 업무에 지장을 주지 않고 고객과 거래처에 피해를 주지 않으려면 가능한 문제를 확대시키지 않고 신속히 해결해야 한다. 그러기 위해서는 어떻게 해야 할까?

　문제가 일어나면 대부분 사람들은 "○○ 영업부장이 나쁘다" "○○ 기술부장이 나쁘다" 혹은 "영업부의 잘못이다" "기술부가 잘못했다"고 특정 인물이나 부서를 탓한다.
　하지만 실제로 특정 개인이나 부서에만 원인이 있는 경우는 드물다. 회사는 많은 사람들이 모여 있는 곳이고 그들이 구성하는 부서 간의 관계 속에서 업무가 이루어진다. 그렇게 생각하면 문제는 특정 개인, 부문, 부서와 같은 '점'에 있는 것이 아니라 관계성, 즉 사람과 사람의 '사이'에 있다고 보아야 신속하게 문제를 해결할 수 있다.

회사는 살아 있는 생물이다. 우리 몸속에는 뼈와 장기, 그리고 근육이 있다. 혈관이 그물망처럼 그들을 연결하고 그 속을 혈액이 흐른다. 회사도 우리 몸과 마찬가지다. 다양한 기능을 하는 부서가 존재하며 그것을 구성하는 사람들이 일한다. 그리고 혈액처럼 정보가 이동하고 서로 소통함으로써 회사가 움직인다.

사람의 혈액 흐름이 막히면 어깨 결림이나 냉증, 나아가서는 장기의 기능부전 등의 질병이 생긴다. 마찬가지로 회사도 정보나 소통의 흐름이 나빠지면 질병 즉 실수나 문제, 조직의 기능부전이 생기게 된다.

회사의 흐름을 막는 것은 사람과 사람, 부서와 부서 사이에서 생긴 혈전, 즉 소통의 장애다. 그러므로 문제가 발생했을 때 특정 개인과 조직에서 원인을 찾아도 의미가 없다.

영업부와 기술부에서 문제가 생겼다고 치자. 그때 "영업부 ○○ 부장이 나쁘다"라는 이야기를 들으면 ○○ 부장은 "난 열심히 하고 있다"고 자기방어를 한다. "기술부의 ○○ 부장이 나쁘다"고 말해도 마찬가지 상황이 벌어진다.

이때 영업부와 기술부 '사이'에 문제는 없을까 하는 시각으로 바라보면 자신을 방어하기보다 "유대관계가 나쁘다" "연대감이 약하다" "대화가 너무 없다"는 식으로 문제 발견에 힘을 쏟을 수 있다.


## 특정 인물에게 원인을 찾으면
## 사고가 정지된다

최근 "중간 관리직이 형편없다"는 이야기를 자주 듣는다. 이들은 대부분 고도성장기에 입사한 사람들이다. 입사 후 오랜 불황으로 인해 신입 사원 채용이 억제된 탓에 후배가 들어오지 않아 교육 경험을 쌓지 못한 채 관리직에 오른 경우가 많다.

또 인력에 여유가 없어 현장에서 일하면서 관리도 담당하는 이른바 플레잉 매니저playing manager로 자신의 목표도 달성해야 하므로 관리에 집중할 시간이 부족하다. 이런 배경 속에서 중간 관리직의 능력 저하가 많은 기업에서 문제가 된다.

한편 젊은 직원의 경우 소통 능력의 미숙함이나 의욕 부족에 대한 비평이 끊이지 않는다. 이처럼 특정 직급이나 개인에게서 원인을 찾으면 '그 녀석들이 나쁘다'는 식으로 결론이 날 수밖에 없다. 결국 보다 본질적인 문제의 원인을 찾지 못한 채 일종의 사고 정지 상태에 빠지기 쉽다.

중간 관리직이 문제라고 하지만 그들이 개별적으로 일하는 것은 아니다. 예를 들어 현장 평가에 대한 불만이 터져나올 때, 중간 관리자의 평가 능력을 따질 것이 아니라 중간 관리자와 현장 사이에 있는 문제를 찾아내야 한다. 그곳에는 소통의 부족이나 업무 배분의 문제, 목표 관리의 평가 항목 자체의 문제 등 근본적인 문제가 많을 것이다.

이 '사이'를 보려는 사고방식은 본사와 지사, 영업과 관리, 영업부와 기획부 등 사람과 사람, 부서와 부서 간의 문제에도 적용할 수 있다.

## 당신은 '사이'로서 제대로 일하고 있는가?

당신 자신에게 일어난 문제도 같은 시각으로 살펴보자. 상대가 나쁘다고 남에게 책임을 떠넘기는 일은 어불성설이다. '난 잘못이 없다'는 식으로 생각하면 문제의 본질을 절대 파악할 수 없다.

자신과 담당자의 정보 전달, 상사와 자신의 보고 체계, 자신과 고객의 대화 분량과 내용 등 자신을 중심으로 한 관계에 존재하는 상하좌우의 사이를 다시 한번 살펴보자.

어떤 사람은 "신입들은 실력이 엉망이다" "상사의 교육 방침이 불분명하다"는 식으로 자신의 위아래를 모두 비판한다. 그러나 정작 상사와 신입 사원 사이에 있는 본인이 문제인 경우가 많다. 상사와 대화를 통해 방침을 이해하고 그 내용을 신입 사원에게 전달하는 마디 역할을 해야 할 사람은 바로 자신인 것이다. 조직에 문제가

생겼을 때 시점을 바꾸어 '나 자신이 그 원인은 아닐까' 하고 생각해
보자.

# 24

# 투자자로서
# 자신을
# 자리매김하라

" 회사는 돈으로만 성립하지 않는다. 직원인 당신도, 다시 돌릴 수 없는 시간과 능력과 기술을 제공한다는 의미에서 회사의 투자자라고 할 수 있다. "

## 사원은 자신의 시간과 능력을
## 회사에 투자하는 사람이다

여기서는 회사에서 일하는 개인이 회사와 어떤 관계를 맺어야 하는지 이야기해보자.

회사에서 일하는 개인은 그 회사의 투자자다.

이것이 필자가 생각하는 회사와 개인의 관계다. 일반적으로 투자자라고 하면 주주를 뜻한다. 개인투자자도 기관투자자도 있지만 모두 돈이라는 대가를 지불하고 그 회사의 주식을 손에 넣는다.

여기서 잠깐 생각해보자.
회사는 돈으로만 성립하지 않는다. 회사의 자원은 사람, 물건, 돈이라는 말을 들어봤을 것이다. 돈은 회사의 일부에 지나지 않는다.
즉 직원인 당신도, 다시 돌릴 수 없는 시간과 능력과 기술을 제공한
다는 의미에서 회사의 투자자라고 할 수 있다.


## 투자자로서
## 회사와 함께 성장하라

'자신이 회사의 투자자다'라는 발상에서 반드시 기억해야 할 점
이 있다.

'**전략 06. 업무의 보수를 일로 받아라**'에서 말했듯이 투자했다고
당장 수익이 나는 것은 아니다. 여기에는 반드시 시간차가 있다. 1년,
2년, 때에 따라서는 5년이 지나서야 승진이나 연봉 인상과 같은 대
가를 받게 된다.

따라서 '투자처로 조금 더 자신을 비싸게 사줄 회사를 찾겠다'며
조급하게 생각해서는 안 된다. 그렇게 되면 눈앞의 업무에 전력을
쏟지 못하고 늘 어디로 옮길까, 이 회사 저 회사를 기웃거린다. 이래
서는 본말이 전도된다.

업무에 힘을 쓰지 않으면 시장가치가 오를 수 없다. 즉 성장하지
못하고 신뢰잔고도 쌓을 수 없다. 그런 상태라면 다른 곳으로 옮기
고 싶어도 당신을 비싸게 사줄 회사는 없을 것이다.

투자자로서 당장의 수수료나 배당금에 연연하지 말고 회사의 주

식을 장기 보유할 각오로 일하자. 회사와 함께 성장하면서 언젠가
돌아올 큰 수익을 기대하며 업무에 충실하자. 이런 투자 자세를 관
철하기 바란다.

# 25

# 인사라는 회사의
# 메시지를 이해하라

> 회사 규모가 커지면 "사장과 만난 적도 없다"는 직원이 대부분이 되며 경영자의 사고방식을 이해하기 위한 접점도 거의 없다. 그런 경우 유효한 것이 인사제도와 조직 운용 방식을통해 드러나는 경영자의 메시지, 나아가 회사의 메시지를 받아들이는 방법이다.

## 투자자라면 회사가 보내는
## 메시지에 민감해야 한다

투자자로 어느 회사의 주식을 구입하면 해당 회사의 1년 결산 개
요와 인사 정보, 차후 사업전략 등을 정리한 연간 실적 보고서를 받
는다. 투자자는 보고서나 독자적으로 입수한 정보를 바탕으로 그
회사의 주식을 계속 보유할 것인지 팔아야 할지를 검토한다. 주주
라면 연간 보고서와 같은 투자처의 메시지에 민감하게 반응하고 투
자 여부를 결정한다.

앞서 직원도 그 회사의 투자자라고 말했다. 그렇다면 자신이 근
무하는 회사의 메시지를 제대로 받아들이고 스스로의 업무 방식이
나 처리 방법을 고민해야 하지 않을까?

회사가 보내는 메시지를 직원이 어떻게 받아들여야 좋을지 두 가

지 방법을 소개해보자.

첫째는 인사에 담긴 회사의 메시지를 알아차리는 방법이다.

## 제도와 조직 운용 방식에 회사의 메시지가 들어있다

규모가 작은 회사라면 사장과 직접 이야기할 기회가 있으므로 경영방침이나 직원들에 대한 기대, 사업 전략 등을 들을 수 있다. 그러나 회사 규모가 커지면 "사장과 만난 적도 없다"는 직원이 대부분이 되며 경영자의 사고방식을 이해하기 위한 접점도 거의 없어진다.

그런 경우 유효한 것이 인사제도와 조직 운용 방식을 통해 드러나는 경영자의 메시지, 나아가 회사의 메시지를 받아들이는 방법이다.

어떤 회사든 봄가을 같은 인사 시즌에는 온갖 억측이 난무한다.

- 누가 어느 곳으로 이동할까?
- 어떤 부서가 이동이 많을까?
- 깜짝 인사가 있을까?
- 조직에 큰 변화가 생길까?

다들 관심은 많지만 이것을 회사가 보내는 메시지라고 생각하는 사람은 별로 없다.

과거에는 연공서열형 임금제나 종신고용이 기업 인사제도의 기본을 이루었다. 이 제도는 연령 자체에 가치가 있다는 사고방식에 바탕을 두었다. 장기근속을 장려했다. 거꾸로 말하면 도중에 회사를 그만두면 손해였다. 오래 근무할수록 그만큼 임금을 더 많이 받을 수 있는 후불제도라고 할 수 있다. 다시 말해 "회사는 여러분이 오랫동안 근무하기 바란다. 따라서 월급은 후불제로, 나이가 많아질수록 많이 지불한다. 그러므로 중간에 그만둘 생각은 하지 마라"는 메시지가 제도에 내포되었던 셈이다.

하지만 경기불황에 빠지자 회사는 태도가 돌변해서 중장년층을 중심으로 구조조정을 감행했다. 손바닥을 뒤집은 셈이다.

그때 회사가 보낸 메시지는 이렇다. "중장년층이 지금까지 오랫동안 회사에 공헌해주었지만, 그들에게 드는 비용과 그들이 이룬 성과가 균형을 이루지 못한다면 회사는 더이상 그들을 끌어안고 갈수 없다. 직원들은 스스로 자신의 인생을 설계하기 바란다."

근래 들어 비정규직 해고가 큰 사회 문제로 떠올랐다. 비정규직 해고를 시행한 기업은 대부분 계약직 사원을 다수 고용하고 있다. 그 기업의 메시지는 "계약직을 많이 고용해서 고정적인 인건비 부담을 줄이고 싶다. 따라서 직접 고용 계약은 맺지 않는다. 회사 사정이 어려워지면 계약직 사원의 고용 계약을 해지하고 비용을 삭감해서 살아남을 방책을 모색하겠다"이다. 따라서 처음부터 비정규직 해고의 메시지를 담고 있었다고 할 수 있다.

## 회사의 속삭임에
## 귀를 기울여라

기업의 제도만이 아니라 인사이동에도 많은 메시지가 담긴다. 인사이동의 경향을 보면 회사가 앞으로 어떤 분야를 중점적으로 키우려는지 어떤 분야를 축소하려는지 알 수 있다.

또 승진한 인물들을 보면 회사가 어떤 인재를 높이 평가하는지도 알 수 있다. 반대도 마찬가지다. 좌천 인사를 보면 어떤 인물이 회사에서 버림받는지 이해할 수 있다.

시점을 한 단계 올려 전체를 바라보면 '우리 회사는 학벌이 강하다' '여성 인력의 활용이 늦었다' '영업부 출신의 승진이 빠르다' '발탁인사를 하게 되었다' 등등 인사 경향도 보이기 시작한다.

회사의 속삭임에 귀를 기울이자. 다양한 경로를 통해 회사의 진의를 파악하는 감각을 기르는 것도 투자자가 할 일이다.

# 26

# 회사의 가치관이
# 무엇인지 파악하라

> 그 회사가 중요시하는 가치관과 조직 풍토는 소책자나 홈페이지보다 전설이나 무용담 속에서 생생하게 표현된다. 사실 여부는 중요하지 않다. 애당초 가치관에 부합하지 않는 전설이나 무용담은 전하지 않으므로 그곳에 일종의 진실이 내포되어 있는 것이다.

## 전설이나 무용담 속에
## 회사의 가치관이 담겨 있다

회사의 메시지를 이해하는 방법은 인사 정보만이 아니다. 그 회사에 전하는 전설이나 무용담도 그 회사의 메시지를 담고 있다.

필자가 예전에 근무했던 기업 중 다각경영의 일환으로 목장을 소유한 회사가 있었다. 그 회사에는 그럴 듯한 전설이 있었다. 한번은 월말 매출 목표를 도저히 달성하기 어려웠는데 그때, 목장의 소 세 마리를 내다팔아 월 매출액을 달성했다는 이야기였다.

물론 회사 연수를 통해 공개적으로 나도는 이야기가 아니라 상사가 후배에게 전해주는 식으로 전달된 이야기라 필자도 선배에게 들었다. 사실인지 아닌지는 알 수 없었지만 '목표는 반드시 달성한다'는 회사의 가치관이 잘 드러나는 전설이었다. "영업부 A는 50주

연속 목표달성의 기록을 가지고 있다"처럼 개인의 무용담도 전해 내려온다.

그 회사에는 유독 영업이나 신규 사업 개척에 관한 전설이나 무용담이 많았다. 이것은 그 회사에서 영업부의 비중이 높고 신규 사업 개발을 높이 평가한다는 사실을 잘 나타내고 있다.

전설이나 무용담은 공식화된 회사의 설립 이념이나 대내외 홍보 자료에 요약된 경영자의 철학보다도 확실하게 회사의 가치관을 투영한다.

회사가 달라지면 전설이나 무용담도 달라진다. 타 업계 인사 담당자들과 만났을 때 마침 회사의 전설이나 무용담 이야기가 나왔다. 획기적인 상품을 잇달아 생산하는 제조업체의 경우, 상품 개발에 관한 전설과 무용담이 많았다. 같은 업계라도 조금 건실한 이미지의 회사는 생산 관리나 품질 관리에 관한 전설과 무용담이 많았다. 여성이 활약하는 회사에서는 역시 여성 발탁이나 활약에 관한 일화가 많았다.

이처럼 그 회사의 특성이나 가치관이 무의식중에 전설이나 무용담이 되어 전해진다.

그러므로 그 회사가 중요시하는 가치관과 조직 풍토는 소책자나 홈페이지보다 전설이나 무용담 속에서 생생하게 표현된다. 사실 여부는 중요하지 않다. 애당초 가치관에 부합하지 않는 전설이나 무용담은 전하지 않으므로 그곳에 일종의 진실이 내포되어 있는 것이다.

전해지는 이야기를 통해 그 회사의 진정한 가치관과 그 조직 안에서 필요한 행동이 무엇인지 파악할 수 있어야 한다.

# 27

# 특정한 롤 모델을
# 찾기보다는
# 모든 사람에게
# 배워라

" 한 사람의 모든 것을 흡수할 수 없다면 여러 사람에게서 다양한 점을 흡수하면 되지 않
을까? 주변 사람이 가진 장점 중에서 자신이 닮고 싶은 부분을 한 가지씩 받아들이면 된
다. 마찬가지로 다른 사람을 타산지석으로 삼을 수 있다. "

## 롤 모델 찾기는
## 시간 낭비다

신입 사원 면접을 하거나 또 입사 직후 신입 사원들과 이야기하다 보면 "○○씨처럼 되고 싶어서 입사했다"는 이야기를 자주 듣는다. 구직활동을 하면서 만난 선배가 멋지게 보여서 '나도 저렇게 되고 싶다'고 느꼈기 때문이다.

그러나 입사 3년차, 4년차가 되면 같은 사람의 입에서 다음과 같은 말이 태연하게 나온다.

- 이 회사에는 롤 모델로 삼을 만한 선배나 상사가 없다.
- 이 회사에는 자극을 주는 사람이 없다.

이들이야말로 '**전략 16. 안하무인 4년차의 모습을 버려라**'에서 말한 안하무인 4년차다. 그렇다면 이런 사람들이 다른 회사로 이직하면 어떻게 될까? 새로운 직장에서도 같은 소리를 할 것이 뻔하다. 그들은 '전인격적으로 본받고 싶은 특정한 롤 모델이 필요하다'는 전제를 내세우지만, 유감스럽게도 그런 완벽한 비즈니스맨은 세상 어디에도 없기 때문이다.

완벽한 비즈니스맨이 없다면 누구를 롤 모델로 삼아야 할까?

## 배울 점은 누구에게나 있다

사고방식을 전환해보자. 한 사람의 모든 것을 흡수할 수 없다면 여러 사람에게서 다양한 점을 흡수하면 되지 않을까? 상사뿐 아니라 선배, 후배, 동기 등 주위에는 많은 사람들이 일하고 있다. 그들 한 사람 한 사람을 자세히 살펴보자.

- A는 남에게 부탁하는 걸 정말 잘한다.
- B는 실수했을 때 사과하는 방법이 기가 막히다.
- C는 상사에게 보고하는 방법이나 타이밍이 절묘하다.
- D는 이야기를 요약하는 기술이 뛰어나다.
- E는 다른 사람의 이야기를 기가 막히게 끄집어낸다.
- F는 남의 부탁을 밉지 않게 잘 거절한다.

- G는 부하를 야단치는 방법이 일류다.
- H는 발언에 설득력이 있다.
- I는 계획한 후 신속하게 실행에 옮긴다.
- J는 웃는 얼굴이 매력적이다.

이런 식으로 업무와 인간관계, 인상 등 사람의 요소를 자세히 분석하면 다른 사람의 다양한 장점을 볼 수 있다. 그 장점 중에서 자신이 닮고 싶은 부분을 한 가지씩 받아들이면 된다. 마찬가지로 다른 사람을 타산지석으로 삼을 수 있다.

- K는 상사에게는 아부하지만 부하는 전혀 배려하지 않는다.
- L은 말투가 상대방을 무시하는 것 같다.
- M은 늘 핑계만 댄다.
- N은 마감을 지키지 않는다.
- O는 비평만 하고 주인의식이 없다.

이처럼 나쁜 부분도 포함해서 여러분 주위에는 배워야 할 사람이 넘쳐난다. 여러 사람으로부터 소재를 모아 닮고 싶은 점을 흡수하고 나쁜 부분을 자기반성의 재료로 삼으면 자기만의 독창성을 발휘할 수 있는 것이다.

# 28

# 상사나
# 동료를 통해
# 자기를 분석하라

> 취직을 준비할 때 누구나 자기분석을 해본다. 하지만 대부분 자신의 과거를 돌아보고 그
> 결과 자신의 목표를 발견하는 일종의 자기완결형 분석을 했으리라. 남이 본 자신을 염두
> 에 두지 않으면 그렇다고 믿는 자신밖에 보이지 않으므로 실제의 자신을 알 수 없다.

## 그렇다고 믿는 자신과
## 실제 자신의 격차를 알자

앞에서 상사나 동료의 좋은 점은 배우고 나쁜 점은 타산지석으로 삼자고 했다. 그와 함께 상사나 동료를 효과적으로 활용함으로써 자신이 변화시켜야 할 점이 무엇인지도 깨달을 수 있다.

누구나 한 번쯤 녹음된 자신의 목소리를 듣고 '이게 내 목소리인 가' 하며 놀란 경험이 있을 것이다. 자신이 늘 듣던 목소리보다 높거나 허스키하거나 이상하게 들렸을 것이다. 마찬가지로 스키나 골프 같은 운동을 하면서 촬영한 자신의 모습을 보는 경우도 있다. 자신은 가볍게 물 흐르듯 움직였다고 생각했지만 영상으로 보니 그저 엉덩이만 흔들고 있을 때도 있다.

이것은 스스로 그렇다고 믿는 자신의 모습과 주위에 비치는 실제 자신의 모습 사이에 상당한 차이가 있다는 사실을 단적으로 보여주는 예이다.

일도 마찬가지다.

- 말했다고 생각한 일이 실제로는 전달되지 않았다.
- 열심히 한다고 했는데 주위의 평가를 받지 못했다.

이런 경우가 자주 생기면 실수나 문제의 원인이 될 뿐 아니라 신뢰잔고도 깎인다. 그렇다고 회사에서 하는 말과 행동을 일일이 촬영해서 확인할 수도 없는 노릇이다. 어떻게 하면 좋을까?

## 남의 시선을 신경쓰지 않는 자기분석은 의미가 없다

그래서 상사나 동료 등 함께 일하는 주위 사람들이 자신을 어떻게 보는지 확인하는 것이 효과적이다. 즉 그들을 자신을 비추는 거울이라고 생각하는 것이다.

- 내가 한 말이 제대로 전달되고 있을까?
- 나의 행동은 회사의 방침에 맞을까?
- 나의 노력은 부서에 공헌하고 있는가?

'말했다고 생각했는데' '했다고 생각했는데'라고 늘 불평할 게 아니라 자신의 의도가 주위에 제대로 전달됐는지, 오해받지는 않았는지, 잘못된 방향으로 전달되지는 않았는지 확인해보자.

필자는 강연이나 연수가 끝나면 반드시 설문지를 살펴본다. 내가 전하려고 한 내용이 제대로 전달되었는지 확인하기 위해서다. 가끔 필자가 의도하지 않고 한 말이 사람의 마음을 강렬하게 사로잡는 경우가 있다. 이런 의외의 기쁨도 있지만 전하려고 했던 내용이 제대로 전달되지 않는 경우도 있다. 그럴 경우 전하려는 내용에 대한 사례를 풍부하게 조사하여 다음부터는 더 강조해서 이야기하는 등 격차를 메우기 위한 수정 행동을 취한다.

필자는 이런 작업이야말로 자기분석이며 그에 따라 수정 행동을 취해야만 비로소 자기분석의 의미가 있다고 생각한다.

취직을 준비할 때 누구나 자기분석을 해본다. 하지만 대부분 자신의 과거를 돌아보고 그 결과 자신의 목표를 발견하는 일종의 자기완결형 분석을 했으리라. 남이 본 자신을 염두에 두지 않으면 그렇다고 믿는 자신밖에 보이지 않으므로 실제의 자신을 알 수 없다.

남을 거울삼아 실제의 자신을 파악하고 수정해야 할 점은 고쳐나가자. 이 과정의 반복이 당신을 더욱 크게 성장시킬 것이다.

# 29

# 평가의 굴레에서 벗어나 장기적인 성장을 목표로 하라

" 평가의 굴레에 얽매이면 먼길을 돌아갈 용기가 나지 않는다. 자기 변혁을 위해 도전하기도 어렵다. 눈앞의 평가를 좇으면 평가는 멀찍이 도망가고, 스스로 납득할 수 있는 일을 열심히 하겠노라 다짐하면 평가가 따르는 법이다. "

## 누구나 정당하게
## 평가받지 못한다

직장인의 불만 사항은 다양하지만 필자의 경험으로는 인사 평가에 대한 불만이 가장 많은 듯하다. 입버릇처럼 "회사가 나를 제대로 평가해주지 않는다"고 불평한다.

그 밖에 "왜 동기인 그 녀석이 더 우대받는지 모르겠다" "상사가 원래 사람 볼 줄을 모른다" 등등 이구동성으로 자신에 대한 부당한 평가에 불만을 토로한다.

단순히 산술적으로 말하면 우대받는 사람과 제대로 평가받지 못하는 사람의 수는 거의 같을 것이다. 회사의 보수나 지위는 정해져 있으니 제대로 평가받지 못하는 사람이 많다면 반대로 우대받는 사람도 그만큼 있다는 의미이다.

하지만 놀랍게도 세상 사람들은 대부분 '자신은 제대로 평가받지 못한다'고 생각한다. 누구나 기본적으로 자신을 과대평가하기 때문이다. 그 때문에 "좀더 정당하게 평가하라"고 말하지만 따지고 보면 이 말은 결국 "나를 더 잘 평가해달라"는 소리다.

## 평가는 사람이 하는 일이다

애당초 사람을 정당하게 평가하는 일이 가능할까?

정당하게란 모든 사람을 공평하게 취급한다는 의미다. 필자는 컨설턴트이므로 고객들로부터 "공평한 인사제도를 만들고 싶다"는 요구를 받는 경우가 많다. 하지만 필자는 늘 "불가능하다"고 답한다.

공평한 인사제도나 평가제도는 원칙적으로 불가능하다. 가능한 납득할 수 있는 제도를 만드는 것이 최선이다. 업무 평가는 정량적인 수치만으로는 측정할 수 없는 부분이 많다. 역할이나 기대, 목표에 대해 실제로 얼마만큼 노력하고 성과를 냈는지를 판단하기 위해서는 정성적인 요소도 중요하기 때문이다. 이 부분은 사람이 사람을 평가하는 수밖에 없으므로 주관이 개입할 수밖에 없다. 평가하는 측이나 받는 측 모두, 보는 시각이나 느끼는 방법에 차이가 있으므로 그 결과 "정당하게 평가받지 못했다"는 불만이 생긴다. 사람이 평가하는 한 공평성을 얻기는 힘들다. 이는 인사제도와 평가제도의 성격이라고 생각하고 이해하는 수밖에 없다.

그렇다고 불만을 품은 채 일하기도 괴롭다. 직원들이 평가에 대해 가능한 불만을 품지 않을 방법은 없을까?

최선의 방법은 자신의 역할과 기대치를 상사와 늘 조정하는 것이다. 목표를 세울 때뿐 아니라 실행 중간 단계에서도 상사와 격차가 없는지 확인하자.

앞서 말했듯이 상사는 자신의 거울이기도 하다. 자신의 행동이 상사에게 어떻게 비칠지도 알고 있어야 한다. 상사와 소통하는 만큼 그가 당신을 평가할 재료가 늘어나고 조정 과정을 거친 만큼 자신의 평가에 대해 납득할 수 있다.

## 자신에게 OK 사인이나 NG 사인을 낼 수 있는 것은 자신뿐이다

지금까지의 이야기도 상당히 중요하지만 개인적으로는 성장하기 위해서 인사 평가에 휘둘리지 않는, 일희일비하지 않는 태도도 반드시 필요하다고 생각한다. 항상 누군가의 시선을 신경써야 한다면 얼마나 답답하겠는가? '이 일을 하면 좋은 평가를 받을까?'라는 생각으로 행동하거나 타인의 기준에 따라 자신을 움직여야 한다면 상당히 괴로울 것이다.

물론 평가를 따라가면 큰 문제도 생기지 않고 실패도 적을 것이다. 하지만 크게 변화할 기회도 없다. 근본적으로 자신에게 OK 사인과 NG 사인을 낼 수 있는 사람은 자기 자신뿐이라는 상태를 지향해야 한다.

스스로를 평가하는 기준은 자신의 업무와 행동에 대해 납득할 수 있는지 아닌지다. 타인의 평가에 신경쓰지 않고 자신이 맡은 업무를 납득할 수 있을 때까지 철저하게 해나간다면 결과적으로 큰 성과를 얻을 수 있다. 역설적이지만 주위의 평가도 함께 높아진다.

## 평가의 굴레를 벗어나 장기적인 성장을 목표로 하자

회사의 평가는 대부분 반년에 한 번씩 시행된다. 짧게는 3개월, 길게는 1년 정도다. 모두 그리 길지 않은 기간이다. 그 결과 직원들은 반년 동안 한 일에 대해 좋은 평가를 받기 위해 단기적인 성과를 추구하고 근시안적으로 일하기 쉽다. 이 경우 장기적인 시점에서 자신이 성장하기 위해 필요한 일이나 회사에 정말 필요하지만 시간이 걸리는 일을 처리하려는 의욕은 떨어진다.

필자의 경우 인사부에서 영업부로 발령이 난 뒤 현장 실태를 파악해보니 컨설팅 부문이 절실히 필요했다. 그때는 회사의 성장이라는 장기적인 시점에서 생각했을 뿐 자신의 평가 따위는 아무래도 좋았다. 정말 하고 싶은 일 그리고 회사에 필요한 일을 하자, 그런 투명한 마음이었다.

임원과 직접 담판을 짓고 컨설팅 부문을 시작했지만 경험이 없었던 탓에 시행착오의 연속이었다. 당연히 성과는 나지 않았고 입사 이래 처음 직무 평가에서 '보통'을 받았다. 그래도 내 일에 보람을 느꼈으므로 불만은 없었다.

이후 회사 안에서도 필자의 뜻에 공감하는 사람들이 나타나 부서가 점점 확장했고 성과를 내자 결과적으로 높은 평가를 받게 되었다. 만일 필자가 단기적인 평가에 연연했다면 이런 도전은 불가능했을 것이다. 평가의 굴레에 얽매이면 먼길을 돌아갈 용기가 나지 않는다. 자기 변혁을 위해 도전하기도 어렵다.

눈앞의 평가를 좇으면 평가는 멀찍이 도망가고, 스스로 납득할 수 있는 일을 열심히 하겠노라 다짐하면 평가가 따르는 법이다.

# 30

# 상사를
# 이용하라

**"** 상사는 먼저 경험한 만큼 방법을 알고 있거나 필요한 인맥을 동원할 수 있다. 상사는 옆
에 있어서 괴로운 존재가 아니다. 그렇게 느끼는 자신의 틀을 깨고 상사를 자신의 좋은
협력자라고 생각하자. 주위를 돌아보라. 능력 있는 사람은 상사에게 의지하는 것도 능수
능란하지 않은가? **"**

## 상사에 대한
## 부정적 이미지부터 없애라

이제 자신의 성장을 촉진하는 데 도움이 되는, 상사와 일하는 법과 상사에게 대처하는 법을 살펴보자. 직장 상사와 잘 지내고 싶어도 상사의 성격에 크게 좌우되기 마련이다. 대부분 상사에 대해서는 '감시를 받는다'든지 '상사의 일거수일투족에 자신의 행동이 제약을 받는다'든지 '명령을 받는다'는 식으로 상사가 자신을 이용한다거나 상사가 억압적이라고 생각한다.

만약 당신도 그렇게 생각한다면 성장을 위해 그 생각을 바꾸어야 한다.

다시 한번 일로 성장한다는 것을 돌이켜보자.

업무의 보수는 일이며 자신의 역량을 넘치는 일을 하다보면 감당

할 수 있는 업무의 질도 높아지고 양도 많아진다. 진지하게 업무를 처리하는 과정에서 신뢰를 획득하므로 신뢰잔고도 증가한다.

젊을 때는 보통 능력이나 기술이 없는데도 혼자 껴안고 끙끙대다가 결국 실패해서 주위에 폐를 끼치고 신뢰잔고까지 깎이는 경우가 많다. 이런 사람은 앞서 말한 대로 상사를 두려워하면서 상사가 단순히 지시를 내리는 존재라고 생각하거나, 상사가 자신을 부려먹는다는 식으로 암묵적으로 전제한다. 성장을 위해서 자신의 능력에 벅찬 일에 도전할 때 이러한 전제는 당연히 장애가 된다.

## 일을 잘하는 사람은 상사를 이용한다

자신은 할 수 없는 일이지만 상사는 먼저 경험한 만큼 방법을 알고 있거나 필요한 인맥을 동원할 수 있다. 상사의 능력을 효과적으로 끌어내 조금 나쁘게 말하자면 '상사를 이용한다'는 발상을 가지면, 하는 일마다 최고의 성과를 낼 수 있다.

상사는 옆에 있어서 괴로운 존재가 아니다. 그렇게 느끼는 자신의 틀을 깨고 상사를 자신의 좋은 협력자라고 생각하자.

주위를 돌아보라. 능력 있는 사람은 상사에게 의지하는 것도 능수능란하지 않은가?

상사도 사실 부하 직원들의 상담을 기다린다. 문제점을 지적해달라고 하면 효과적인 해결책까지 찾아주려 할 것이다. 상사의 그런 심리를 이해하고 협력을 부탁하면 된다.

물론 상사만 상담 상대는 아니다. 분야에 따라 당신보다 더 자세한 기술을 알고 있는 후배도 있을 수 있다. 선배, 동기, 타부서 사람 등등 누군가의 힘을 빌려야 하는지를 잘 분별해서 그때마다 기분좋게 도움을 청하는 것이 성장하는 지름길이다.

## 업무를 맡기면
## 상사를 이용하라

물론 아무것도 모르는 신입 사원에게는 '상사를 써먹으라'는 사고방식은 너무 이를 수도 있다. 일의 성장에는 '시험 당하다 → 맡겨지다 → 부탁받는다'는 3단계가 있다.

첫번째는 시험 당하는 단계다. 이때 주어지는 업무는 대부분 단순 작업이다. 이 단계에서는 불만을 품지 않고 꾸준하고 성실하게, 또 스스로 지혜를 짜내서 업무를 완수할 수 있는지를 시험 당한다고 생각하자.

이때는 상사를 이용하는 것이 아니라 자신이 시험 당한다는 사실을 이해하고 아무리 사소한 일이라도 의미를 찾아 자신의 힘으로 완수해야 한다. 이들 업무를 정신적으로도 안정된 상태에서 효율적으로 완수하면 주위의 신뢰가 급격히 올라갈 것이다.

그러면 두번째 단계인 맡기는 단계로 상승한다. 이곳에서 다시 신뢰를 얻으면 이번에는 이 사업을 부탁한다는 말을 듣게 된다. 마지막 단계인 부탁받는 단계다.

시험 당하는 단계와 달리 맡겨지거나 부탁받는 단계에서는 어려운 업무가 많으므로 '상사를 이용한다'는 발상이 더욱 중요해진다.

참고로 부탁받는 단계까지 올라가면 그다음은 자신의 세상이다. 이쪽에서 말하지 않아도 상사가 먼저 "자신이 가진 정보와 인맥을 모두 써도 좋으니 어떻게든 이번 업무를 성공시켜달라"고 할 것이다. 이 단계까지 수준이 높아지면 일도 훨씬 재미있어진다.

**4부**

# 반드시 찾아오는 위기는 이렇게 극복하자!

# 31

# 낭떠러지 상황을
# 스스로에게
# 연출하라

 

누군가 지켜준다. 자신은 최종책임을 지지 않는다. 그렇게 기댈 곳이 있을 때 사람은 좀처럼 성장할 수 없다. 하지만 아무도 도와주지 않을 것이라고 생각하면 엄청난 힘을 발휘하게 되는 법이다. 그리고 그것이 자신 안에 숨겨진, 스스로도 몰랐던 능력을 발견하는 계기가 된다.

## 누군가에게 의지하면
## 성장은 없다

일을 하다보면 반드시 위기를 만나게 된다. 인간관계의 그물망 속에서 각자의 이해가 복잡하게 얽힌 채 일하므로 알력이나 충돌로 인해 위기가 닥치는 것이 당연하다.

하지만 위기도 바라보는 시각에 따라서는 효과적으로 극복할 수 있고 그것을 기회로 한층 더 성장하고 비약할 수 있다.

먼저 '낭떠러지에 섰을 때야말로 성장할 기회'라는 이야기를 소개하겠다.

'위기는 기회'라고들 하는데 맞는 말이다. 지금까지 수천 명에 달하는 수강생을 조사하면서 필자도 실감했다.

연수 때 항상 수강생들에게 지금까지 사회인으로 살아온 인생을 돌아보고 성장곡선을 그리게 한다. 많은 사람들에게 급격히 성장한 시점(곡선이 급상승하는 때)을 되돌아보라고 하면 대부분 누구에게도 의지할 수 없는 상황이나 감당하기 어려운 업무를 맡아 배수진을 친 상황을 떠올린다. 예를 들면 다음과 같은 경우다.

- 의지하던 선배가 갑자기 다른 부서로 발령이 나서 혼자 모든 일을 담당하게 되었을 때
- 상사와 함께 거래처를 방문할 예정이었는데 갑자기 혼자 찾아가게 되었을 때
- 중요한 프레젠테이션을 갑자기 담당하게 되었을 때

다들 이런 돌발적인 사태나 벼랑에 세워진 듯한 경험이 성장의 계기였다고 말한다. 누구나 등줄기에 식은땀을 흘리면서도 분투하고 극복한 결과 한층 더 성장한 것이다.

이런 경험을 뒤집어보면 그때까지는 상사나 선배가 항상 곁에 있었으므로 자신이 몰라도 상사나 선배가 가진 정답에 의지하면 된다고 기대하거나 만일 자기가 해야 할 일을 잊어버려도 그들이 도와줄 것이라고 믿는 심리적 의존상태에 있었다는 의미다. 누군가 지켜준다. 자신은 최종 책임을 지지 않는다. 그렇게 기댈 곳이 있을 때 사람은 좀처럼 성장할 수 없다.

## 자신 안에 숨겨진
## 능력을 발견하라

벼랑에 서면 불안과 두려움, 스트레스에 시달린다. 하지만 아무도 도와주지 않을 것이라고 생각하면 엄청난 힘을 발휘하게 되는 법이다. 그리고 그것이 자신 안에 숨겨진, 스스로도 몰랐던 능력을 발견하는 계기가 된다.

지금 당신이 위기에 처했다면 누구에게도 기대지 않고 자신 안의 숨겨진 큰 힘을 끌어내 발전적으로 대처하면 된다. 그렇게 하면 위기 상황에서 가슴을 두근대는 자신과도 만날 수 있을 것이다.

만일 지금 '생각보다 편할지도 모른다'는 심정으로 일을 선택한다면 성장은 없다. 스스로를 벼랑에 세워야 하므로 배수진을 치고 할 수 있는 일에는 손을 들어야 한다.

벼랑이라고 해도 진짜 벼랑은 아니니 목숨을 잃을 일도 없다. 그렇게 생각하면 위기도 즐길 수 있지 않을까?

## 팀원들에게
## 적당한 벼랑을 연출하라

이미 팀원을 거느린 사람도 있겠지만, 지금은 후배나 부하 직원이 없어도 누구나 경험을 쌓으면 사람을 관리하는 입장이 된다. 꼭 기억해야 할 것은 사람을 키우려면 '벼랑 끝 연출'이 중요하다는 점이다.

사람을 키우는 일이 능숙한 상사는 그 사람의 성장 정도에 맞추어 적당한 벼랑 끝을 준비해둔다.

- 젊은 부하와 동행하려던 약속을 직전에 취소한다.
- 함께 진행하던 프로젝트 회의 진행을 그 자리에서 부하 직원에게 갑자기 맡긴다.
- 부서 내의 담당 업무를 갑자기 교체한다.

위와 같이 본인이 위기라고 느낄 상황을 연출함으로써 차츰 부하 직원의 의존심을 벗겨낼 수 있다.

회사의 브랜드 이미지를 훼손하지 않거나 고객에게 피해가 가지 않도록 선을 지켜야 하는 것이 기본 전제지만, 그것에만 지나치게 사로잡혀 있으면 사람의 성장을 늦출 위험이 있다.

# 32

# 실패를
# 지우지 마라

**"** "나는 한 번도 실험을 실패한 적이 없다. 왜냐하면 이렇게 하면 전구가 빛나지 않는다는 발견을 지금까지 2만 번이나 했기 때문이다." 이 에디슨의 말은 당신 자신을 구체적인 행동으로 이끌기 위한 힌트다. 중요한 것은 같은 실수를 두 번 되풀이하지 않는 것. 그리고 실패를 교훈으로 바꾸는 일이다. **"**

## 실패를 다음 행동의
## 활력으로 바꾸자

여기서는 실패라는 위기를 어떻게 파악하고 이 실패에 어떻게 대처할지에 대해 생각해보자.

발명왕 토머스 에디슨은 "천재란 1퍼센트의 영감과 99퍼센트의 노력으로 태어난다"는 유명한 말을 남겼다. 99퍼센트의 노력이 계속되므로 그곳에 1퍼센트의 영감이 찾아온다는 의미로 해석할 수 있다. 이 말도 상당히 공감이 가지만 필자가 개인적으로 가장 좋아하는 에디슨의 말은 이것이다.

나는 한 번도 실험을 실패한 적이 없다. 왜냐하면 이렇게 하
면 전구가 빛나지 않는다는 발견을 지금까지 2만 번이나 했

기 때문이다.

그의 성과나 발명과는 감히 비교할 수 없지만 필자도 그와 비슷한 경험을 했다.

사람을 채용할 때 정말 원하는 사람과 만날 가능성은 오십 명 중한 명, 때로는 백 명 중 한 명 정도다. 상당히 낮은 확률이다. 오십명이나 만났지만 채용하고 싶은 사람이 단 한 명도 없었던 날도 있다. 하지만 이것을 실패라고 생각하면 그날 하루가 의미 없는 시간이 되어버린다. 하지만 에디슨처럼 생각하면 '오늘 만난 오십 명은우리가 채용하려는 대상이 아니라는 사실을 알았다'는 식으로 배울수 있다.

영업도 마찬가지다. 백 군데의 회사에 전화를 했지만 한 건도 약속을 잡지 못했다. 하지만 그런 날은 헛수고했다고 생각해서는 안된다. 그 백 개 회사가 영업 대상이 아니라는 사실을 확인하고 목록에서 제외할 수 있었으므로 의미 있는 하루였다고 생각할 수 있다.

이렇게 발상을 전환하면 견디기 힘든 일이라도 의미를 발견하고극복할 수 있다. 그것을 그저 실패했다고 생각하면 다음 행동으로나가지 못한다. 목록에 남은 사백 개 회사 중에서 대박이 터질 수도있다. 그렇게 생각하면 다음 행동에 활력을 얻을 수 있다.

## 반복된 같은 실패는
## 시간 낭비다

단, 이러한 발상으로 스스로를 성장으로 이끌려면 조건이 있다. 그것은 같은 실패를 두 번 되풀이하지 않는 것이다. 에디슨의 예를 들자면 그는 같은 배선을 2만 번 되풀이하지 않았기 때문에 '이래서는 전구가 켜지지 않는다'는 경험을 2만 번 축적할 수 있었다. 같은 실패를 되풀이한다면 시간을 쓸데없이 낭비하는 것일 뿐이다.

그렇지만 사람이란 어쩔 수 없이 같은 실패를 되풀이하기 마련이다.

- 지각이나 무단결근
- 술자리에서 다른 사람에게 시비를 걸고 분위기를 망치기
- 직장 상사나 동료와 충돌
- 연애에 빠져 업무를 소홀히 하는 일
- 분수에 넘치게 낭비하다 빚더미에 앉는 일

찔리는 데가 있는가? 이런 실패를 하는 사람은 아무리 인사 이동이나 이직을 통해 새로운 부서나 직장으로 가도 마찬가지로 인간관계에서 충돌을 일으킨다. 연애가 끝나도 다음 연애에 빠질 것이고 또다시 연애 때문에 업무의 집중력을 잃게 될 것이다. 한 번 빚을 갚아도 몇 년 뒤에 또 낭비벽이 도질 것이다. 엄격하게 자신을 경계하

지 않으면 같은 패턴의 실패를 거듭할 것이다.

에디슨의 말에서 얻을 수 있는 교훈은 정신론이 아니다. 당신 자신을 구체적인 행동으로 이끌기 위한 힌트다.

중요한 것은 같은 실수를 두 번 되풀이하지 않는 것. 그리고 실패를 교훈으로 바꾸는 일이다. 자신이 언제 어떤 실패에 빠지는지 그 경향이나 버릇을 인식하고 항상 자신을 경계하는 마음가짐을 지녀야 한다.

# 33

# 변화를
두려워하지 말고
신속하게 대응하라

" 변화의 파도가 밀려왔을 때 그것을 예민하게 깨닫고 스스로의 성공 체험을 일단 제로로
만들어 자신을 변화시킬 수 없다면 결국 몰락하게 된다. 이것이야말로 변화를 거부하기
때문에 찾아오는 위기다. "

# 변화에 대응하는
# 생물만이 살아남는다

근래 경제 위기 때문에 많은 기업과 개인이 곤란에 처했다. 이번 경제 위기를 단순한 경기 순환으로 보는 시각도 있지만 수출의존형 경제의 종언이라며 시대의 전환으로 보는 사람도 있다. 이처럼 변화나 전환 때문에 위기가 도래했다고 생각하는 사람들이 많다. 필자 의견은 다르다. 변화를 거부한 순간 위기가 찾아온 것이다.

다윈이 진화론에서 말하듯 원래 생물은 환경 변화에 적응할 수 있는 종류만 살아남았다. 예를 들어 기린은 키가 큰 나무의 잎을 먹을 수 있고 천적이 다가오는 것을 알아차릴 수 있도록 목이 길게 변한 종만이 최종적으로 살아남았다는 설이 있다.

일설에 의하면 공룡은 운석의 낙하로 발생한 급작스런 기후 변화에 적응하지 못해서 멸망했다고 한다. 그후 기온 변화에 강한 항온 동물인 포유류가 지구상을 활보하게 되었다. 공룡처럼 변화에 적응하지 못하고 멸종된 생물은 수없이 많을 것이다.

사람도 생물이다. 변화에 대응하지 못하면 멸종까지는 아니더라도 힘을 잃는다. 그런데 아무리 변화에 직면해도 변하고 싶지 않은 것이 인간의 성질인 모양이다. 새로운 시대의 변화에 대응하지 못하거나 업무 방식의 전환에 대응하지 못해 괴로워하는 사람이 많다. 1990년대 후반 이후, 진화하는 IT 기술에 대응하지 못한 사람들이 그 대표적인 예지만 최근 젊은 세대 중에서도 변화를 거부하는 사람이 많은 듯하다.

## 과잉 적응하면 갑작스러운 환경 변화에 대응할 수 없다

가장 조심해야 할 것은 특정 회사나 특정 업무에 과도하게 적응해버리는 사람이다.

과잉 적응하면 어떤 문제가 생길까?
예를 들어 어떤 상품을 굉장히 잘 파는 사람이 있다. 하지만 한 고객이 상품과 함께 솔루션까지 요구하자 그 수요에 대응할 수 없었다. 그때까지 성공 경험이 있는 만큼, 지금까지 스타일대로 그 상품의 좋은 점만을 부각시켜 팔려고 애쓰지만, 결국 고객은 다양한 솔루션을 제안한 타 회사 담당자를 선택하고 말았다.

이런 경우도 있다. 한 유명한 벤처 기업은 사내 미팅도 사외 미팅도 모두 메일로만 해결하는 방식으로 효율성 증대를 꾀했고 실제로 성과도 괜찮았다. 그런데 시장의 변화로 그 회사가 다른 업종의 기업에 매수되자 업종 자체가 전혀 다른 것으로 바뀌었다. 새로운 회사에서는 사람과 직접 만나서 일하는 스타일을 요구했지만, 예전 회사의 방식을 계속해서 고집한 사람은 거래처에서도 사내에서도 신용을 잃고 결국은 퇴사하고 말았다.

반대로 회사가 새로운 체제로 바뀌었을 때 계속 있어온 사원이 "전이 더 나았다"고 불평하면서 적응하지 못하고 한직으로 쫓겨나는 경우도 많다.

이처럼 특수한 환경에 적응해서 성과를 내던 사람일수록 변하기 힘들다. 주위에서도 비슷한 경우를 많이 보았을 것이다.


수컷 공작의 깃털은 눈이 부실 정도로 아름답다. 그 깃털은 암컷을 유혹하기 위한 것이다. 수컷끼리 깃털의 아름다움을 겨루고 승리한 쪽이 암컷을 차지한다. 종내種內 경쟁에서 깃털의 아름다움은 암컷을 유혹해내는 강한 수컷을 상징하는 셈이다.

하지만 깃털이 아름다울수록 천적에게 공격당하기 쉽다. 천적이 적은 덕분에 공작은 살아남았지만 말이다. 즉 동종 간에서는 경쟁 이점이 이종 간 경쟁이 되면 갑자기 약점으로 변한다. 이것은 특정한 환경에 과도하게 적응한 사람이 외부 환경에서는 힘을 발휘하지 못하는 것과 비슷하다.


## 성장하고 싶다면 성공 체험을 버려라

변화의 파도가 밀려왔을 때 그것을 예민하게 깨닫고 스스로의 성공 체험을 일단 제로로 만들어 자신을 변화시킬 수 없다면 결국 몰락하게 된다. 이것이야말로 변화를 거부하기 때문에 찾아오는 위기다.

환경 변화로 인해 직면하는, 상식과 기존의 업무 방식이 통하지 않고 시행착오를 되풀이하는 상황은 단기적인 위기처럼 보이지만 사실은 스스로의 성장을 가로막는 본질적인 위기다.

변화에 따라 직면하는 단기적인 위기는 앞서 이야기했듯 스스로 성장할 수 있도록 만드는 낭떠러지라고 생각할 수 있다.

다음의 그림을 보자.

이것은 원뿔이다. 안정된 큰 원뿔을 만들고 싶다면 어떻게 해야 할까?

제한된 면적의 바닥 면으로는 아무리 원뿔을 높게 만들려고 해도 한계가 있다. 무리해서 높게 만들면 바닥이 좁아져 불안정해질 뿐이다. 원뿔을 안정적으로 높고 크게 만들려면 바닥을 넓게 만드는 수밖에 없다.

이 원뿔을 자신의 능력, 자신의 경력이라고 생각하자. 바닥면은 자신의 그릇이다. 자신의 그릇을 크게 만들지 않으면 아무리 기술이나 신뢰를 쌓고 싶어도 힘들다.

만일 높이를 조금 더 높이고 싶으면 한 번 만든 원뿔을 부수고 바닥부터 다시 만드는 용기도 필요하다. 약간의 성공 체험으로 손에 넣은 자신의 그릇을 작은 대로 괜찮다고 만족할 것인지, 아니면 처음으로 다시 돌아가 새롭게 자신의 그릇을 크게 만들지 생각해 보자.

메이저리그에 도전하는 선수는 자기 나라에서 아무리 활약했더라도 새로운 환경에 적응하기 위해 다시 몸을 만들고 폼을 고친다고 한다. 스스로의 성공 체험을 버려야만 새로운 환경에 적응할 수 있다는 것이다.

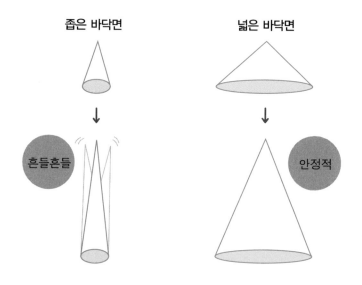

사회 환경이 격심하게 변하는 요즘 세상에서는 업무 방식, 행동 양식, 사고방식까지 바꿀 각오가 없으면 성장도 성공도 힘들다. 변화를 거부하면 용두사미 같은 인생이 되고 만다.

# 34

# 자신이 만든
# 좌절감이나 불행에서
# 빠져나와라

" '어차피'는 자기 자신에 대한 변명이다. 자신의 능력을 덮어버리는 뚜껑이다. '어차피'라
고 말함으로써 자신이 세상에 적극적으로 참여할 기회를 스스로 막는 꼴이 된다. '어차
피'는 앞으로 발전할지도 모르는 자신의 미래를 빼앗아버리는 말이다. "

## 의무감에서 해방되면
## 좌절감이나 불행에서도 해방된다

- 업무를 망쳤다.
- 인간관계에서 문제를 안고 있다.
- 자신은 좀더 좋은 평가를 받아야 한다.

이런 좌절감이나 불행은 일에 대한 의욕을 감퇴시키므로 위기 중 하나라고 할 수 있다. 이 위기를 극복하기 위해서는 어떻게 하면 될까?

이러한 좌절감이나 불행의 배경에는 항상 의무감이 있다.

일은 완벽하게 해야 한다. 그러므로 조금이라도 실패하면 쉽게 좌절해버린다.

자신은 좀더 좋은 평가를 받아야 한다. 그러므로 제대로 평가받지 못하니 운이 없다고 불행하게 여긴다.

그래서 역발상이 필요하다. 처음부터 '업무에 완벽한 것은 무리'라고 생각하자. 그러면 약간의 실패는 당연하게 받아들일 수 있다.

좋은 평가를 기대하지 않으면 평가의 높고 낮음에 따라 스스로의 행복과 불행이 그다지 좌우되지 않을 것이다.

즉, '무엇을 해야 한다'는 의무감을 벗어버리면 좌절과 불행을 느끼지 않아도 된다. 즉 좌절감이나 불행에서 해방되고 싶으면 의무감을 버리면 된다.

의무감을 버리는 일은 너무나 간단하다.

- 상사는 자신을 좀더 이해해줘야 한다.
- 동료는 자신을 존중해주어야 한다.
- 나는 좀더 괜찮은 업무를 담당해야 한다.
- 고객은 좀더 내 이야기를 들어줘야 한다.
- 회사는 좀더 사원을 소중히 여겨야 한다.

많은 사람들이 이중 하나 정도는 생각해봤을 것이다. 하지만 그에 대해 왜 그렇게 해야 한다고 생각하는지 근거를 갖고 말할 수 있는가?

왜 상사가 당신을 좀더 이해해야 하는가? 왜 좀더 괜찮은 업무를 담당해야 하는가?

이것은 모두 원래 근거가 없다. 논리적으로 생각해보면 해야 한다는 것들이 전혀 해야 할 일이 아닌 것이다.

이런 근거 없는 의무감을 버리면 자신의 마음속에 좌절감이나 불행도 생기지 않는다. 스스로 연출하는 좌절감과 불행에 휘말릴 일도 없다.

## '어차피'라는 체념은 성공의 미래를 빼앗는다

덧붙이자면 '어차피'라는 체념도 좌절과 불행을 불러들인다.

- 어차피 나는 운이 없다.
- 어차피 나는 재능이 없다.
- 어차피 회사 따위, 세상이란 게 다 그렇다.

이렇게 어차피라고 체념하는 것도 의무감과 마찬가지로 전혀 근거가 없다.

예를 들어 "어차피 나는 운이 없다"고 말하는 사람이 있다고 하

자. 그때까지 그 사람의 인생은 운이 없었을 수도 있다. 하지만 앞으로도 계속 운이 없으리라고 누가 확신할 수 있는가?

'어차피 나는 재능이 없다'는 사람도 마찬가지다. 지금까지 도전한 일에서는 재능이 없다고 느꼈을지도 모른다. 하지만 앞으로 자신이 해야 할 모든 일에 재능이 없다고는 누구도 장담하지 못한다.

'어차피'는 자기 자신에 대한 변명이다. 자신의 능력을 덮어버리는 뚜껑이다. '어차피'라고 말함으로써 자신이 세상에 적극적으로 참여할 기회를 스스로 막는 꼴이 된다. '어차피'는 앞으로 발전할지도 모르는 자신의 미래를 빼앗아버리는 말이다.

좌절이나 불행에서 해방되고 싶다면 '해야 한다'와 '어차피'라는 말을 맨 먼저 당신의 사전에서 지워버려라.

# 35

# 모든 위기를
# 기회로 삼아라

> '해야 한다'나 '어차피'라는 단어를 당신의 사전에서 지웠다면 그곳에 위기를 극복하는
> 새로운 주문을 써넣자. 그것은 바로 '이것이 기회다'이다. 이 주문에 따라 어떤 문제에 부
> 딪혀도 좌절하거나 불행에 빠지는 일 없이 그 상황을 성장을 위한 기회로 바꿀 수 있다.

## '이것은 기회다'라는
## 주문을 가져라

'해야 한다'나 '어차피'라는 단어를 당신의 사전에서 지웠다면 그곳에 위기를 극복하는 새로운 주문을 써넣자.

그것은 바로 '이것이 기회다'이다. 이 주문에 따라 어떤 문제에 부딪혀도 좌절하거나 불행에 빠지는 일 없이 그 상황을 성장을 위한 기회로 바꿀 수 있다.

인생이 늘 순조롭게만 이어질 수는 없다. 좌절하거나 낙담하는 상황에 반드시 몇 번이나 부딪히게 된다. 업무상 문제가 생기거나 인간관계에서 마찰이 일어나는 경우 자신에게 책임이 있다면 그 원인을 찾아야 한다. 같은 실수를 저지르거나 문제를 일으키지 않아야 하기 때문이다.

하지만 개중에는 질병이나 사고, 뜻하지 않은 인사 이동, 회사의 도산 등 자신의 힘으로는 피할 수 없는 일들도 많다. 그때 사태를 어떻게 받아들이고 어떻게 행동하는지가 그 사람의 성장을 결정한다.

그런 상황에서 효과를 발휘하는 것이 '마침 잘됐다. 이것이 기회다'라는 주문이다.

## 위기를 개혁과 성장의 기회로 삼자

조직을 관리하는 경영자는 회사 내에서 실수나 문제가 발생했다는 보고를 들으면 우선 원인 규명에 나선다. 거기까지는 누구나 하는 일이다.

필자의 경우 그곳에 '마침 잘됐다'는 발상을 더해본다. '마침 잘됐다. 회사 규모가 커진 다음에 이런 일이 일어났다면 더 막대한 영향을 미쳤을지도 몰라. 이번 일을 기회로 회사 체제를 다시 한번 살펴보자'라는 식으로 현재 상황을 인정하고 실수나 문제가 발생한 범위를 넘어, 전체적인 개혁의 계기로 삼는 것이다.

개인적인 시점에서도 마찬가지의 이야기를 할 수 있다.
상사가 갑작스럽게 고객과의 만남에 동행하지 못하게 되었다. 이것도 '마침 잘됐다. 이번 일을 기회로 나 혼자 프레젠테이션하는 법을 배우자'라고 생각하면 된다.

자신이 원하지 않는 인사 이동이 있다면 '마침 잘됐다. 이번 기회에 새로운 기술을 배우자'라고 생각하면 된다.

일이 많은 부서에서 조금 여유로운 부서로 인사 이동을 했을 때는 '마침 잘됐다. 이번 기회에 지금까지 읽지 못한 책을 읽자'는 식으로 받아들일 수 있다.

엄청난 실연을 당했다. '마침 잘됐다. 이번 기회에 좀더 나를 진정으로 이해해주는 사람을 찾아보자.'

어떤 경우에도 이 주문으로 다음 행동을 찾을 수 있다.

## 불행을 기회로 바꾸는 적극적인 삶을 개척하라

이런 이야기를 못 믿겠다는 사람들에게는 필자의 체험을 꼭 들려주고 싶다.

필자가 서른세 살이 되던 무렵, 허리를 삐긋해서 심각한 담에 걸렸다. 똑바로 설 수도 없어서 걷는 것도 명함을 교환하는 것도 괴로웠다. 그때까지 휴일마다 골프에 빠져 살았지만 허리를 다쳤기에 그런 생활은 불가능했다. 쉬는 날은 혼자 편안하게 누워 책을 읽는 수밖에 없었다. 그 무렵에 읽은 책은 철학이나 사회과학 계열로 그

때까지 흥미는 있었지만 바빠서 손을 대지 못했던 분야였다. 그것이 사실은 현재의 아웃풋의 기초가 되었다.

그때 그 요통이 만성화되어 지금도 골프를 칠 수는 없지만 지금은 그때 요통에 걸려서 '마침 잘됐다'고 생각한다. 그 일을 기회로 대량으로 또 집중적으로 인풋을 할 수 있었기 때문이다.

뜻하지 않은 사태에 좌절해봐야 소용없다. 그런 환경에서도 할 수 있는 최선의 행동으로 이어간 결과, "허리를 다쳐서 오히려 잘됐다"라고 단언할 수 있는 인생을 살고 있는 것이다.

그때 허리를 다치지 않고 그대로 골프에 빠져서 세월을 보냈더라면 지금의 필자는 없었을 것이다. 훗날 과거를 돌아보며 '잘됐다'라고 말할 수 있도록, 불의의 사태에도 휩쓸리지 않고 적극적으로 대처할 수 있는 사람이 되길 바란다.

# 36

# 아무것도
# 실행하지 못하는
# 고민은 하지 마라

> 어떤 고민도 결국에는 하느냐 마느냐의 문제다. 고민에 빠진 나머지 지금 해야 할 일에
> 손을 대지 않으면 문제가 더욱 복잡해지거나, 시간만 흘러 나중에 후회하게 되는 것처럼
> 위험 요소는 점점 더 커진다. 문제의 본질에 맞서 대처하는 일이야말로 고민을 극복하는
> 비결이다.

## 고민은 결국
## 하느냐 마느냐의 문제다

고민하는 젊은 사원과 술을 한잔하러 갈 때가 있다. 그러면 그들의 입에서 "지금 갈등중입니다"라는 말이 나온다. 처음에는 깜짝놀랐다. 갈등할 정도의 고민이라면 도대체 무엇일까? 하지만 그 이유를 물어보니 실제로는 갈등이라고 말하기 어려운 경우가 대부분이었다.

- 영업을 하면서 신규 고객과의 약속을 잡을 수 없다.
- 신규 사업을 몇 번이나 제안했지만 상부에서 반응이 없다.
- 해본 적이 없는 새로운 일을 맡았다.

물론 이런 일들은 당사자에게는 그 순간 직면하고 있는 절실한 고민일 것이다.

하지만 갈등이란 여러 가지 상황과 감정이 실타래처럼 얽히고설켜 풀 수 없는 지경을 말한다. 하지만 앞의 고민들은 눈앞의 일에서 그저 도망치고 있을 뿐이 아닌가.

신규 고객과 약속을 잡지 못해서 고민이라면 하루 열 곳을 돌아다닌다, 오십 통의 전화를 건다, 전화 거는 방법을 조금 더 궁리한다는 식으로 결과로 이어질 '원인의 씨앗'을 계속 뿌릴 수밖에 없다.

제안해도 통하지 않는 고민이 있다면 왜 통하지 않는지를 생각하거나 선배에게 묻거나 좀더 연구하고 조사해보자.

낯선 업무를 담당하게 되어서 고민이라면 경험 있는 선배에게 물어본다.

이런 식으로 어떤 행동을 취하든지 아니면 큰일났다고 말만 하고 도망치든지, 즉 하느냐 마느냐에 대한 자신의 각오를 다지기만 하면 된다.

## 싫은 일이나 능력에 부치는 일에 직면했을 때 사람은 고민한다

고민의 근원을 살펴보면 상황은 두 가지뿐이다.

첫번째는 능숙하지 않은 일, 하고 싶지 않은 일, 싫은 일에 직면했을 때이다. 이는 갈등을 발생시키는 상태는 아니다. 그저 자신이 불리한 경우나 손해나는 일이 눈앞에 있을 뿐이다. 이 고민을 해소하려면 하느냐 마느냐 결정하는 수밖에 없다.

두번째는 분수에 넘치는 일, 자신의 능력으로는 할 수 없는 일을 해야만 할 때다.

이때의 고민은 '어차피 난 할 수 없다'라는 '어차피'라는 체념에 있다. 스스로 자신의 능력 밖이라고 생각하더라도 실제로 할 수 있는지 없는지는 해보지 않으면 알 수 없다. 재능은 벼랑 끝에 세웠을 때 필사적으로 대처한 결과로 발굴될 가능성도 있다. 또 적성이 아니라고 생각했는데 막상 해보면 그런대로 맞는 경우도 적지 않다.

그러므로 이것도 '어차피'라는 체념을 버리고 하느냐 마느냐를 결정해야 하는 문제에 불과하다. 이렇게 생각하면 업무에서 고민은 없는 셈이다.

## 진정한 갈등도 결국은 각오를 정하고 선택해서 하면 된다

하지만 일하다보면 이쪽이 잘되면 저쪽이 망하는 경우처럼 선택해야 하는 상황에서 갈등에 빠질 때가 있다.

• 부하의 성장을 생각하면 주요 고객을 맡기고 싶지만, 한편으로

부서의 매출 목표는 반드시 달성해야 한다.

• 비용 삭감안을 경영진에게 제출하고 싶지만 그렇게 하면 현장
  이 힘들어진다.

확실히 이러한 상황에 놓이면 어느 쪽을 선택할지 고민되고 괴로
울 것이다.

실제로는 이러한 진짜 갈등은 관리직이나 베테랑이 되어서야 경
험하는 것이지만 만일 이런 갈등에 부딪히면 어떻게 하면 좋을까?

이것도 결국 마찬가지다. 그저 손 놓고 보고 있을 수만은 없으므
로 A인지 B인지 선택하고 각오를 정해야 한다. 일도 인생도 결국
도박이나 마찬가지다. 원래 대부분의 경우 정답은 알 수 없다. 선택
한 후 어떻게 행동하느냐에 따라 정답이었는지 아니었는지가 결정
된다.

이렇게 보면 복잡하게 보이는 진정한 갈등도 결국은 정하고 실행
할 수밖에 없는 단순한 일이 된다.

어떤 고민도 결국에는 하느냐 마느냐의 문제다. 고민에 빠진 나
머지 지금 해야 할 일에 손을 대지 않으면 문제가 더욱 복잡해지거
나, 시간만 흘러서 나중에 후회하게 되는 것처럼 위험 요소는 점점
더 커진다.

하느냐 마느냐. 문제의 본질에 맞서 대처하는 일이야말로 고민을
극복하는 비결이다.

# 37

# 새의 눈, 벌레의 눈, 물고기의 눈을 가져라

" 상황과 필요에 맞게 새의 눈, 벌레의 눈, 물고기의 눈을 이용하자. 이처럼 시점이나 시야를 자유자재로 바꾸는 것을 통해 대상을 받아들이는 방법이 바뀌고 좌절감이나 불행을 줄이고 고민을 사라지게 할 수 있다. "

## 시점과 시야를
## 자유자재로 변환시키자

고민이나 위기를 극복하는 방법, 고민이나 위기에 사로잡히지 않는 자신이 되는 방법에 대해 이야기하려 한다. 그 하나로 시계觀界나 시점을 바꾸는 방법을 살펴보자.

흔히 새의 눈, 벌레의 눈, 물고기의 눈을 가지라고 말한다. 경영학을 배운 사람이라면 누구나 들은 적이 있을 것이다. 해외 비즈니스 서적에 나와 있는 마케팅의 기본적인 이야기이다.

- 한 단계 높은 시점에서 널리 전체를 파악하는 '새의 눈'
- 시야를 좁혀 눈앞에 있는 것에 집중하는 '벌레의 눈'
- 물의 흐름을 보듯이 시류나 조류를 보는 '물고기의 눈'

시점과 시야를 자유자재로 변환함으로써 고민이나 위기를 두려워하지 않게 된다.

## 한없이 작은 일을 고민하는 자신에서 벗어나라

고민이나 위기에 빠진 사람들은 흔히 벌레의 눈과 같은 시점에서 벗어나기 어렵다. 벌레처럼 시야가 좁아져서 눈앞의 특정한 사건에 사로잡히는 것이다.

예를 들어 다음과 같은 상황을 들 수 있다.

- 상사와 인간관계 때문에 고민한다.
- 아무리 애써도 어떤 고객에게 주문을 받지 못해 낙담하고 있다.

이럴 때 벌레의 눈에서 새의 눈으로 시점을 바꾸어보자. 즉 조금 높은 장소에서 멀리 내다보며 사물을 다시 파악하는 것이다. 그러는 것만으로도 기분은 한결 가벼워진다.

직속상관과는 관계가 나쁘더라도 동료와는 관계가 양호하거나 다른 부서의 상사는 존경할 수 있지 않는가? 또 자기만이 아니라 다른 사람도 그 상사에 대해 좋지 않은 감정을 지닐 수 있다. 자신과 상사의 관계에만 사로잡혀 주위를 보지 못하는 일이 없도록 주의하자.

한 고객에게서 주문을 받지 못해 실적을 못 올린다고 해도, 그 고객을 필사적으로 설득하기 위해 많은 전문 지식을 습득하여 다른 신규 고객을 찾아낼 가능성도 있다. 지금 당장 수치로 나타나지는 않아도 그렇게 준비한다면 미래는 밝다고 할 수 있다.

필자도 낙담할 때는 새의 눈을 가지려고 애쓴다. 사장실에 있는 지구본을 한참 쳐다보면 '우리나라는 참 작다. 이 나라의 이 작은 도시에서 그보다 더 작은 이 거리 한구석에 있는 나는 얼마나 작은 존재인가. 이런 내 자신의 고민 따위 정말 아무것도 아니다'라는 식으로 나의 고민을 우주에 비교해서 다시 생각해본다. 그러면 마음이 훨씬 가벼워지고 그 힘으로 고민을 극복할 수 있다. 기분이 밝아지면 다양한 발상이 자연스럽게 떠오르고 결과적으로 상황도 긍정적으로 풀린다.

## 변화가 고민이라면
## 우선은 눈앞의 일에 집중하자

그럼 항상 새의 눈으로 사물을 바라보는 것이 좋은가 하면 그렇지는 않다. 젊고 능력이 뛰어나며 자신만만한 사원들 중에 다음과 같이 항상 위에서 내려다보는 시선으로 대상을 보는 사람들이 많다.

- 자신은 업계를 이렇게 바꾸고 싶다.
- 이 회사를 이런 식으로 변혁하고 싶다.

- 회사가 낡았다. 나의 독자적인 감각이나 개성을 인정하게 만들
고 싶다.

물론 이런 정신이 나쁘지는 않지만 문제는 그들 대부분이 눈앞에
주어진 일에는 가치를 느끼지 못하고, 하려고 들지 않는다는 점이
다. 아직 경험도 능력도 기술도 없으면서 큰 변혁을 못하는 자신에
대해 고민하는 것이다.

그런 사람일수록 선배나 상사를 가볍게 보거나 무시하는 것도 문
제다. 실제로 경험이 많은 선배는 어떤 사람이든 당신보다 뛰어나
다. 경험이나 노력, 기획 등 당신보다 훨씬 많은 것을 쌓아왔다.

위에서 내려다보는 시선을 지닌 사람이야말로 거꾸로 벌레의 눈
을 가지고 눈앞의 일을 성실히 수행하고 그 일에서 가치를 찾도록
초점을 맞추어야 한다. 매일매일 하는 일이 쌓여서 신뢰잔고가 늘
어나고 결국 회사와 업계를 변혁시킬 수 있다는 것을 실감하게 될
것이다.

정작 당사자는 위에서 내려다보는 시선을 깨닫지 못하기 때문에
선배나 상사가 올바른 방향으로 이끌어줄 필요가 있다.


## 시간 축을 바꾸면
## 매일이 행복하다


그리고 마지막이 물고기의 눈이다. 이것은 새의 눈이나 벌레의

눈처럼 시점의 높이나 넓이가 아니라, 사물을 볼 때 시간 개념이 중요하다는 점을 시사한다.

새의 눈과 벌레의 눈을 자유자재로 전환해서 고민과 위기를 극복하듯 물고기의 눈으로 볼 때도 단기적인 시점에 치우쳐 있는 것 같으면 강의 상류를 바라보듯 장기적인 시점으로 바꾸고, 반대로 앞날만 생각하다가 우울해지면 눈앞의 일에 시선을 집중시켜야 한다.

예를 들어 오늘내일이라는 짧은 시간 축에서 별로 좋아하지 않는 일이나 능력이 미치지 않는 일이 몇 가지 겹치면, 시작하기 전부터 일할 생각만으로도 지치게 된다. 하지만 그 일을 2년, 3년 단위로 생각해보자. 그러면 그 일이 모두 자신의 성장을 위해서 필요한 것이라고 생각할 수 있다. 그렇게까지 긍정적이 되지는 못해도 '극복하는 것은 단 이틀'이라고 생각하면 별것 아니라는 식으로 일단의 심리적 어려움을 극복할 수 있다.

반대로 장래의 일만 생각하느라 눈앞의 일이 보이지 않는 경우도 있다.

실제 사례를 이야기해보자.

필자의 강연이 끝난 뒤, 30대 초반의 여성과 명함을 교환했다. 그때 그녀가 진지한 표정으로 고민이 있다며 상담을 청했다. 그녀는 "대졸 신입 사원으로 제조업체에 입사해서 10년 정도 경력을 쌓았습니다. 나름대로 성과도 내며 충실한 회사 생활을 보내고 있지만 앞으로 결혼을 하고 출산을 하게 됐을 때 지금 같은 조건, 환경에서 계속 일할 수 있을지 불안하네요. 어쩌면 지금 회사에서는 어려울

지도 모르는데 걱정입니다"고 말했다. 여성을 채용하는 기업이 늘었다고는 하지만, 일하면 할수록 육아와 직장 생활을 양립하기 어려울 것 같다는 여성의 심리는 이해한다. 단 이것은 배우자가 될 남성의 직업이나 사고방식에 좌우될 수 있다. 그래서 "상대는 어떤 사람인가?" 하고 물어보니 "아직 애인은 없다"고 대답하는 것이 아닌가!

현재 애인이 있는 것도 아닌데 무엇이 어떻게 될지 모르는 5년 후, 10년 후의 일을 벌써부터 걱정한다니 어처구니가 없었다. 앞날을 자기 나름대로 예측하고 계획을 세우는 일 자체가 나쁘다는 것이 아니다. 이 여성처럼 5년 후, 10년 후의 일을 걱정하면서 멋대로 오늘을 우울하게 사는 것이 문제다. 필자는 자신도 모르게 "오늘 이 길로 나가서 소개팅을 하라"고 충고했다.

5년 후, 10년 후가 아니라 우선 오늘을 즐기는 것이 중요하다. 오늘이 즐거우면 내일도 즐거운 기분으로 맞이할 수 있고 또 즐겁게 보낼 수 있다. 5년 후, 10년 후는 오늘이라는 현재가 축적된 결과로 구체화될 시간이다. 하루하루를 소중하고 충실하게 보낸다면 스스로 납득할 수 있는 5년 후, 10년 후를 맞이할 수 있지 않을까?

이처럼 시점이나 시야를 자유자재로 바꾸는 것을 통해 대상을 받아들이는 방법이 바뀌고 좌절감이나 불행을 줄이고 고민을 사라지게 할 수 있다. 효과적인 위기 탈출법으로 꼭 기억하기 바란다.

# 38

# 천동설에서
# 지동설로 변환하라

" 천동설 성향의 사람은 자신의 이익만을 추구하고 지동설 성향의 사람은 자신의 이익을
달성하기 위해 다른 사람의 이익도 생각한다. 자신의 이익만을 추구하다보면 결국 자신
이 어려움에 처했을 때 아무도 도와주지 않는 상황에 빠지기 쉽다. "

## 성장을 방해하는
## 자기중심적인 시각을 버려라

인간은 기본적으로 자기중심적으로 사물을 생각한다. 그 때문에 위기를 자초하는 사람도 적지 않다. 예를 들어 어린아이는 미아가 되기 쉽다. 해변이나 유원지에서 "엄마, 엄마" 하고 울부짖는 아이들을 한두 번은 보았을 것이다. 왜 미아가 될까? 아이들의 시야는 어른보다 좁기 때문이다. 엄마, 아빠가 아이들의 시야에 보이지 않게 되는 것이다.

시야가 좁으면 자신이 볼 수 있는 범위가 좁아져 주위가 보이지 않게 된다. 즉 자기중심적이 되기 쉽다.

어른이 되면 물리적인 시야도 넓어지고 또 경험이 쌓여 대상을 넓게 볼 수 있는 능력도 생긴다. 그러면 세계가 자기를 중심으로 돌고 있지 않다는 사실과 여러 사람과의 관계라는 그물망 속에 자신이 존재한다는 사실을 깨닫는다.

하지만 앞서 이야기했듯이 원래 사람은 자기중심적인 경향이 있다. 그것을 고치지 못하고 시야가 좁은 채 어른이 된 사람들도 있다. 그런 사람은 세상이 자신을 중심으로 돌고 있다고 생각하기 일쑤다. 갈릴레이 이전의 사람들의 인식처럼 천동설적인 발상으로 사회나 주위 사람들을 접하고 있는 것이다.

천동설적인 사고방식을 가지고 사회에 나오면 그 사람은 어떤 사회인이 될까? '주위 사람이 항상 자신에게 관심을 쏟아야 하고 자신에게 알맞은 일을 하도록 해주는 것이 당연하며 자신의 의견이 모두 정당하다'는 사고방식, 즉 자기중심적인 사고방식을 가진 사회인이 될 것이다. 이러한 천동설적인 사고방식은 분명히 그 사람의 성장을 방해한다.

본인은 고객을 설득하기 위해 주도면밀하게 준비해서 최고의 프레젠테이션을 수행했다고 생각했지만 고객의 반응이 좋지 않았다. 이때 천동설을 신봉하는 사람이라면 '그 고객은 이해력이 없다'는 식으로 나쁜 반응을 고객의 탓으로 돌린다. 이래서는 성장할 수 없다.

만일 자기중심적이 아니라 지동설적인 사고방식으로 접근한다면 '자료의 어느 부분이 이해하기 어려웠을까?' '어떤 문장을 더하면 설득력이 있을까?' 등처럼 진지하게 자신의 준비나 프레젠테이션을 반성하며 성장의 계기로 삼을 수 있다.

## 자신의 이익을 위해서 다른 사람의 이익까지 생각하라

천동설적 시각은 하늘이 움직인다는 사고방식이므로 자신이 변할 여지가 없다. 지동설적 시각이라면 주위의 상황에 맞추어 자신이 변할 수 있다.

입사했을 때, 이직했을 때, 타부서로 이동했을 때, 좀처럼 사람들과 어울리지 못하고 시간이 걸린다면 천동설 성향의 사람이기 쉽다. 이런 사람은 '왜 자신을 받아들여주지 않는가' 하고 남에게 쉽게 책임을 돌린다. 반대로 지동설 성향의 사람은 주위와 잘 지내기 위해서 자신의 무엇을 바꾸면 좋을지, 어떻게 하면 자신의 존재감을 드러내고 부서에 공헌할 수 있을지를 고민한다.

천동설 성향의 사람은 자신의 이익만을 추구하고 지동설 성향의 사람은 자신의 이익을 달성하기 위해 다른 사람의 이익도 생각한다. 자신의 이익만을 추구하다보면 결국 자신이 어려움에 처했을 때 아무도 도와주지 않는 상황에 빠지기 쉽다. 만일 당신이 업무나 인간관계에 있어서 바람직한 상태가 아니라면 자신이 혹시 천동설적인 사고방식을 가지고 있는 것은 아닌지 스스로에게 물어보자.

# 39

# 쉽게
# 변할 수 있는
# 것부터 시작하라

" 지금 직장의 상황이 바람직하지 않다면 '나 혼자 힘으로는 바꿀 수 없다'고 포기하지 말고 우선 자신이 방아쇠를 당겨보자. 그러면 누군가 추종자가 생겨날 것이다. 그리고 또 그 뒤를 이어 누군가 참가할 것이다. 그렇게 임계점을 넘기면 직장도 극적으로 바뀔 수 있다. "

## 직장의 문제를 나 혼자 해결할 수 없다고 생각하는가?

- 회사나 부서의 분위기가 좋지 않다.
- 부서 전체의 의욕이 낮다.
- 생각만큼 부서의 성과가 오르지 않는다.

이런 조직에 몸담고 있으면 의욕을 갖기도 어렵고 업무 처리도 좋아지기 힘들다. 위기에 빠졌다고 할 수 있다.

이 경우는 개인의 문제가 아니라 조직 전체의 문제이기 때문에 '나 혼자서는 어쩔 수 없다'고 포기하는 사람이 많다. 하지만 한 사람의 시도가 조직 전체의 모습을 극적으로 바꿀 수도 있다.

# 모든 변화는
## 한 사람으로부터 시작된다

어느 회사의 영업소장과 상담한 이야기다. 직원 스무 명이 일하는 영업소인데 분위기가 상당히 침체되어서 아침 인사도 없고 외근 나갈 때 서로 "다녀오세요" 하고 인사도 하지 않는다고 했다. 필자는 그 영업소장에게 "소장님은 아침에 웃는 얼굴로 직원들에게 안녕하세요라고 말씀하시나요?" 하고 물어보았다. 그러자 그는 "그런 분위기가 아니라서 하지 않는다"고 부끄러운 듯 말했다.

필자는 그 소장에게 다음과 같이 제안했다. "이번 월요일부터 금요일까지 무슨 일이 있어도, 아무도 대답해주지 않아도 아침에 웃는 얼굴로 전원에게 '안녕하세요' 하고 인사해보세요. 그에 따라 어떻게 변하는지 봅시다."

그러자 어떤 일이 일어났을까?

월요일. 소장이 인사를 해도 아무도 대답하지 않았다. 인사를 한 것은 스무 명 중 단 한 사람, 즉 소장뿐이었다.

화요일. 소장이 인사하자 쑥스러운 듯 두 사람이 반응했다. 이날 인사한 것은 소장을 포함해 스무 명 중 세 명이다.

수요일. 남은 열일곱 명 중 세 명이 인사에 참여했다. 소장 이외 두 사람이 인사를 하니 자기도 모르게 따라한 것이다. 이것으로 스무 명 중 여섯 명. 전체의 3분의 1이다.

목요일. 이날 남은 열네 명 중 여섯 명이 인사를 했다. 3분의 1이 인사하니 자기도 해볼까 생각했으리라. 결국 스무 명 중 열두 명으로 드디어 절반을 넘겼다.

그리고 금요일에는 남은 전원이 인사하게 되었다.

이와 같이 일단 임계점을 넘기면 직장도 극적으로 바뀔 수 있다.

## 조직의 변화는 임계점을 넘기느냐에 달렸다

자신도 모르게 가까운 사람의 행동을 따라하는 경우를 흔히 볼 수 있다.

강연회에서 이야기를 마치면 처음에는 강연장이 조용해진다. 많은 사람들이 '박수칠까?' 하고 서로 눈치를 보는 것을 알 수 있다. 그러다가 한 사람이 박수를 치면 그제야 파도처럼 열 명, 오십 명, 백 명으로 퍼져 마침내 강연장 전체가 박수 소리에 휩싸인다.

좀더 친근한 예를 들어보자. 회식할 때 1차가 끝난 후 가게를 나갈 때 모두 다른 사람들의 동태를 살핀다. 그때 누군가 "2차 가자!"라고 말을 한다면 곧장 손을 드는 사람도 있고 '다들 가면 나도 간다'며 대세가 정해진 뒤에 태도를 결정하는 사람도 있다.

따돌림이 있는 학급과 따돌림이 없는 학급을 비교한 연구가 있다. 왕따가 있는 반의 아이들이 전부 나쁜가 하면 그렇지 않다고 한다. 왕따가 있는 반은 따돌림을 멈추려는 아이들의 수가 임계점에

달하지 않았기 때문에 왕따가 계속된다는 것이다. 반면 왕따가 없는 반은 괴롭히는 아이들 수가 임계점에 달하지 않은 것뿐이다. 이런 사소한 차이로 어느 쪽이 될지 결정된다는 것이다.

이런 예를 통해 대부분의 사람들이 찬성이나 반대로 명확히 나뉘는 것이 아니라 주위의 태도를 보고 자신이 어떻게 할지 결정한다는 사실을 알 수 있다. 일종의 기회주의라고 할 수 있다.

언제 태도를 정하느냐는 사람에 따라 차이가 있다. 누군가 한 사람이 나선 시점에서 반응을 보이는 사람이 있고, 세 명 정도 더 참가한 시점에서 나서는 사람도 있다. 과반수가 움직여야 비로소 나서는 사람도 있다. 구슬을 꿰듯이 임계점을 넘기면 전원이 변할 가능성이 생기는 것이다.

조직의 변화는 임계점을 넘기느냐에 달렸다.

지금 직장의 상황이 바람직하지 않다면 '나 혼자 힘으로는 바꿀 수 없다'고 포기하지 말고 우선 자신이 방아쇠를 당겨보자. 그러면 누군가 추종자가 생겨날 것이다. 그리고 또 그 뒤를 이어 누군가 참가할 것이다. 그렇게 임계점을 넘기면 직장도 극적으로 바뀔 수 있다. 주체의식을 가지기 바란다.

# 40

# 꿈으로부터
# 도망치지 마라

> " 꿈을 좇고 좇아도 이룰 수 없다. 자신의 손에서 도망친다. 그런 식으로 생각하는 것은 잘못이다. '어차피 이룰 수 없다'며 꿈에서 도망치는 자신이 있을 뿐이다. 그런 사람은 오늘을 빛낼 수 없다. 오늘을 빛나게 하기 위해서 몇 살이 되어도 꿈을 꿔야 한다. "

## 꿈은 지금의 자신을
## 빛내기 위해 있다

드디어 마지막이다. 여기서는 꿈이란 무엇인지 함께 생각해보자. 꿈이 왜 중요한지 여러분에게 꼭 전하고 싶다.

어릴 시절에는 무엇이든 될 수 있다고 희망찬 미래를 상상하면서 즐겁게 지냈다. 그러다 사춘기가 되자 '내 미래는 어떻게 될까?' '내 적성에 맞는 일은 무엇일까?' 하고 막연히 불안해진다. 세월이 지나 어른이 되면 점점 선택할 수 있는 범위가 줄어드는 현실을 받아들이면서 꿈과 현실 사이에서 힘겨운 싸움을 벌인다. 이것이 보통 사람들의 성장 과정이다. 필자도 예외가 아니었다.

이렇게 보면 한 살 두 살 나이가 들면서 우리 삶에서 꿈이 차지하는 크기가 현실에 밀려 자꾸 작아지는 듯해서 견딜 수 없다. 하지만 이대로 괜찮은 것일까?

필자는 어릴 때 프로 야구 선수가 되고 싶었다. 아침부터 밤까지 흙투성이가 되어 매일같이 야구 삼매경에 빠졌다. 대학생 때는 외교관이나 여행 가이드처럼 외국과 관련된 직업을 동경했다. 그래서 영어 공부를 하거나 여행 관련 자격증을 딸 계획을 세우거나 배낭 하나를 둘러메고 여행을 떠나곤 했다. 지금 생각하면 정말 충실한 나날이었다.

돌아보면 초등학생 때도 대학생 때도 꿈을 품고 있었기 때문에 생기 넘치는 나날을 보낼 수 있었다.

지금은 컨설턴트가 되어 회사도 창업했지만 지금의 상태를 꿈꾸기 시작한 것은 서른 살이 지나서였다. 그것도 이제는 더이상 꿈이 아니다. 이미 현실이 되었기 때문이다.

지금 필자가 하는 일이 내 자신을 충실하게 만들어 주는 것은 틀림없지만, 야구 선수나 외교관이 되겠다는 예전의 꿈처럼 나의 하루하루를 반짝이게 만들어준 것과는 종류가 다르다.

꿈은 실현하기 위해 존재하는 것이라고 생각하는 사람이 많지만 필자의 생각은 다르다.

꿈은 지금의 자신을 빛내기 위해 있는 것이 아닐까?

사람은 미래와 함께 현재를 살아간다. 3시간 뒤에 지구가 멸망한다면 당신은 이 책을 읽고 있겠는가? 분명히 읽지 않을 것이다.

앞으로도 계속 살아남아 존재할 것이라며 미래를 가정하기 때문에 그 미래를 조금 더 나은 것으로 만들기 위해 책을 읽고 사람과 관계를 맺고 좋은 일을 한다. 사람의 노력, 더 나아가 삶에 대한 의욕은 미래가 열려 있다고 생각하기 때문에 생겨날 수 있다.

사람은 오로지 열린 미래와 함께 충실한 현재를 살아갈 수 있다. 미래를 닫는 순간 현재는 의미를 잃는다.


## 꿈은 도망가지 않는다. 도망치는 것은 자신이다

꿈 다음에 또다른 꿈이 이어진다. 그것이 인생을 빛내는 비결이다 꿈이란 자신의 밝은 미래, 밝은 희망을 상정한 것이다.

그러므로 꿈이 있어 현재가 의미를 지니며 지금이라는 순간을 즐겁다고 느낄 수 있다.


극단적으로 말하자면 꿈은 이루지 않아도 된다. 꿈을 꾸는 일로 오늘 하루가 빛나고 그 하루의 의미와 자신의 존재 의의를 부여할 수 있다면 꿈은 충분히 그 역할을 다한 것이다.

하루하루가 모여 인생이 된다. 꿈이 있다면 오늘도 내일도 빛날 것이다. 그리고 그 하루하루가 쌓여 빛나는 인생이 된다.

꿈은 이룬 순간 현실이 되고 그 빛을 잃는다. 그러므로 꿈을 이루었다면 다음 꿈을 꾸어야 한다. 꿈 뒤에 또다른 꿈이 이어진다. 그것이 인생을 빛내는 비결이다.

중요한 것은 꿈을 먹으며 오늘 하루를 생기 있게 지내는 일이 아니겠는가?

어두운 미래를 상상하는 일은 악몽을 먹으며 살아가는 일이다. 자신 안에 어떤 미래를 상정하는가는 누구에게도 간섭당하지 않는 자유의 영역이다. 빛나는 꿈을 즐길지 악몽에 시달릴지는 자신에게 달렸다.

꿈을 좇고 좇아도 이룰 수 없다. 자신의 손에서 도망친다. 그런 식으로 생각하는 것은 잘못이다. '어차피 이룰 수 없다'며 꿈에서 도망치는 자신이 있을 뿐이다. 그런 사람은 오늘을 빛낼 수 없다.

오늘을 빛나게 하기 위해서는 몇 살이 되어도 꿈을 꿔야 한다.

당신의 오늘은 빛나고 있는가? 만일 잘 모르겠다면 다시 한번 자신의 꿈을 찾아보지 않겠는가?

**나오며**

   이 책은 필자가 겐토샤에서 출판하는 두번째 책이다. 앞서 쓴 『회사의 품격』이 예상을 뛰어넘어 베스트셀러가 된 덕분에 발간 직후부터 책을 주제로 한 강연회에 분주한 나날을 보냈다. 하지만 이번에는 순서가 반대였다. 강연활동이 먼저였고 그 가운데 가장 평판이 좋았던 주제 '일하는 철학'을 제재로 이 책을 집필했다.

   변화가 격심하고 앞날이 불투명한 오늘날 일과 진지하게 마주하고 인생을 빛내려는 독자 여러분에게 이 책이 새로운 깨달음과 계기를 제공하기를 바란다.

   이 책을 세상에 내놓기 위해 신세를 진 겐토샤 여러분에게 머리 숙여 감사드린다. 여러분의 따뜻한 질타와 격려가 없었다면 이 책은 완성할 수 없었을 것이다.

2009년 12월

오자사 요시히사

**옮긴이 박선영**

이화여자대학교를 졸업하고 도쿄대학교 대학원에서 언어정보학을 공부했다. 현재 서울디지털대학교, 메가스터디 엠베스트 등에서 일본어를 가르치는 한편 좋은 책 소개에 힘쓰고 있다. 옮긴 책으로는 『연쇄하는 대폭락』 『서비스가 감동으로 바뀔 때』 『달러가 사라진 세계』 『기다림의 칼』 『삶의 마지막에 마주치는 10가지 질문』 『향연』 등이 있다.

# 억울하면 방법을 배워라

초판 1쇄 인쇄  2014년 10월 27일
초판 1쇄 발행  2014년 11월 3일

지은이 오자사 요시히사
옮긴이 박선영
펴낸이 강병선
기획 · 책임편집 강명효  편집 임혜지  디자인 김마리 최미영
마케팅 정민호 이연실 정현민 지문희 김주원  온라인 마케팅 김희숙 김상만 한수진 이천희
제 작 강신은 김동욱 임현식  제작처 영신사

펴낸곳 (주)문학동네
출판등록 1993년 10월 22일 제406-2003-000045호
임프린트 아우름

주 소 413-120 경기도 파주시 회동길 210
전자우편 editor@munhak.com
대표전화 031)955-8888  팩스 031)955-8855
전화문의 031)955-2680(편집) 031)955-1933(마케팅)
문학동네카페 http://cafe.naver.com/mhdn
문학동네트위터 @munhakdongne

ISBN 978-89-546-2608-8 03320

www.munhak.com